„Mit WW ist mein Leben viel aktiver geworden.“

WW Teilnehmer Daniela ist Fan dieses Kochbuchs. Welche Rezepte ihr besonders gut gefallen und mehr zu ihrem erfolgreichen Abnehmweg erfährst du auf Seite 9.

Fischfrikadellen mit Tomaten-Mango-Salsa, S. 47

Linsen-Tomaten-Suppe mit Kokos, S. 130

Rote-Bete-Kürbis-Nudeln mit Grünkohl und Feta, S. 86

Inhalt

Rezeptinfos

vegetarisch
vegan
glutenfrei
laktosefrei
nussfrei

8 7 3

SmartPoints Wert pro Person / Glas / Stück

Die Kennzeichnung wie zum Beispiel „gluten-", „laktose-" oder „nussfrei" bei den Rezepten ist rein informativ und nicht verbindlich. Es liegt in der persönlichen Verantwortung zu prüfen, ob die verwendeten Lebensmittel die Anforderungen erfüllen.

QR-Code scannen und Küchenvideos zu Küchentipps entdecken. Oder besuche uns auf ww-gesundekueche.de

NEU!

meinWW+

Dürfen wir vorstellen: *meinWW+*! Mit diesem einzigartigen Programm findest du den richtigen Weg für dich. Wenn es ums Abnehmen geht, hat jeder seine eigenen Vorstellungen und Bedürfnisse. Was für den einen gut funktioniert, ist für jemand anderen vielleicht weniger geeignet. Deshalb bieten wir dir mehr als eine Möglichkeit, mit WW abzunehmen, um dich wohlzufühlen.

In der Theorie ist Abnehmen ganz einfach. Man muss nur weniger essen und sich mehr bewegen, oder? In der Praxis sieht es oft etwas anders aus. Um abzunehmen, solltest du verschiedene Aspekte deines Lebens betrachten, zum Beispiel wie gut du schläfst, wie häufig du dich bewegst und welches Bild du von dir selbst hast. Denn all das beeinflusst deine Entscheidungen – auch beim Essen. Unser *meinWW+* Programm berücksichtigt deinen Lebensstil und deine Ziele und bietet dir die Möglichkeit, es so zu leben, wie es zu dir und deinem Alltag passt. Basis dafür ist unser preisgekröntes Abnahmesystem. Du wirst sehen, mit einem Plan wird alles leichter – auch das Abnehmen.

Ein Programm, drei Wege es zu leben.
Mit *meinWW+* erhältst du einen Ernährungsplan, der zu dir und deinem Leben passt, bei dem du alle Lebensmittel essen kannst, die du am liebsten magst. Außerdem bekommst du eine Liste mit über 100+, 200+ oder 300+ ZeroPoint® Lebensmitteln, die du weder abwiegen noch messen oder aufschreiben musst.

Grüner Plan

Blauer Plan

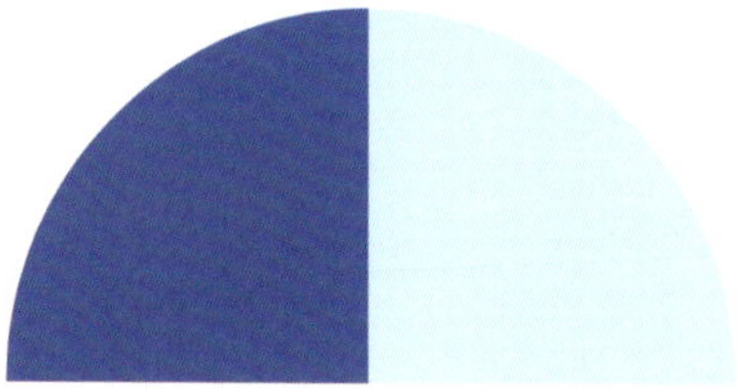

Lila Plan

SmartPoints®

Die Basis bildet unser SmartPoints® System, das komplexe Ernährungsinformationen zu einer einfachen Zahl zusammenfasst: dem SmartPoints® Wert. Dein SmartPoints® Budget wird individuell für dich berechnet. Es besteht aus täglichen und wöchentlichen SmartPoints® und basiert auf Alter, Gewicht, Größe und Geschlecht. Wenn du dich an dein SmartPoints® Budget hältst, nimmst du ab, und zwar bis zu 1 Kilo pro Woche.

ZeroPoint® Foods

ZeroPoint® Lebensmittel haben 0 SmartPoints®. Warum? Weil diese Lebensmittel die Grundlage für eine gesunde Ernährung bilden und wir dich darin bestärken möchten, hier öfter zuzugreifen. 0 Punkte Lebensmittel musst du weder wiegen, noch abmessen, zählen oder aufschreiben – und du nimmst dabei trotzdem ab.

Seit Einführung der ZeroPoint® Lebensmittel sind unsere Teilnehmer sogar noch erfolgreicher*. Lass dich überraschen, wie vielfältig und abwechslungsreich Kochen mit den 0 Punkte Lebensmitteln sein kann. Genieß es und gönne dir mehr Flexibilität und Freiheit im Alltag!

WW Healthy Kitchen®

Die WW Kochbücher sind für alle geeignet – egal, ob du WW Teilnehmer bist oder dich einfach ausgewogen ernähren und einen gesunden Lifestyle etablieren möchtest. Genau hierbei helfen dir unsere leckeren Rezepte, die ganz leicht nachzukochen sind. Zusätzlich ist jedes Rezept sowohl mit einem SmartPoints® Wert als auch der Kalorienangabe versehen, um dich auf dem Weg zur Gewichtsabnahme optimal zu unterstützen.

* Pre-Post-Studie an der Universität North Carolina finanziert von WW. Gewichtsdaten von Testteilnehmern nach 6 Monaten WW Freestyle.

Punkte sparen mit ZeroPoint® Foods

Für ein besonderes Ereignis benötigst du ein paar extra SmartPoints®? Dann greife einfach auf 0-Punkte-Lebensmittel zurück und stelle dir so dein Menü für den Tag zusammen.

Family

FRÜHSTÜCK
Gyros-Omelette mit Schafskäse
8 4 4
Seite 24

MITTAG
Grüner Salat mit Popcorn
6 3 3
Seite 105

ABEND
Hasselback-Zucchini mit Thunfischcreme
4 3 3
Seite 59

SNACK
Schinken-Oliven-Muffins
4 3 3
Seite 159

SmartPoints am Tag
22 13 13

Veggie Day

FRÜHSTÜCK
Apfel-Zimt-Joghurt im Glas
8 5 4
Seite 152

MITTAG
Kunterbunte Veggiebowl
5 3 3
Seite 90

ABEND
Kürbissuppe mit Kräuterpesto
1 1 1
Seite 98

SNACK
Mini-Quiches mit Schafskäse
3 3 3
Seite 151

SmartPoints am Tag
17 12 11

Quick & Easy

FRÜHSTÜCK
Schokomops mit Dalgona-Kaffee-Creme
7 4 4 Seite 140

MITTAG
Fischfrikadellen mit Tomaten-Mango-Salsa
5 1 1 Seite 47

ABEND
Pilzburger mit Chilihähnchen
1 0 0 Seite 31

SNACK
Würzige Geflügelbällchen-Salat-Cups
0 0 0 Seite 147

SmartPoints am Tag
13 5 5

Kalte Küche

FRÜHSTÜCK
Chia-Kokos-Joghurt mit Erdbeeren
5 5 5 Seite 156

MITTAG
Pokébowl mit Thunfisch und Sesam
6 1 1 Seite 44

ABEND
Pfirsich-Avocado-Tomatensalat
3 3 3 Seite 101

SNACK
Himbeer-Skyr-Tiramisu
4 3 3 Seite 144

SmartPoints am Tag
18 12 12

Traum-Hochzeitskleid dank WW

Daniela,
-29 kg;
WW Teilnehmer

Ein Jahr vor meiner Hochzeit habe ich mir in den USA ein Brautkleid in einer noch viel zu kleinen Größe bestellt. Viele warnten mich. Was, wenn ich es nicht schaffe, bis dahin abzunehmen? Ich kann euch verraten: Mein wunderschönes Hochzeitskleid konnte ich am Ende wirklich tragen.

Als mein Freund mir einen Heiratsantrag machte, war klar: Mit dem Gewicht möchte ich nicht den Bund der Ehe schließen! WW hatte sich für mich immer so kompliziert angehört, doch eine Freundin überzeugte mich, es auszuprobieren. Und tatsächlich: Das Programm ist viel einfacher als ich dachte. Mit *meinWW®+* gibt es inzwischen sogar drei Wege, erfolgreich abzunehmen. Ich habe den Fragebogen ausgefüllt und bin jetzt „Blau". Mit dieser Kombination von 200+ ZeroPoint® Foods und SmartPoints® nehme ich richtig gut ab. Denn ein paar Kilos dürfen ruhig noch purzeln – auch wenn ich mein Traum-Hochzeitskleid schon vor Monaten tragen konnte und die Verwandten aus Italien, die mich lange nicht gesehen hatten, mir jede Menge Komplimente machten.

Aktives (Familien-)Leben

Mit WW ist mein Leben viel aktiver geworden. Ich erinnere mich noch gut daran, dass ich einmal zu bequem war, drei Stockwerke von meiner Wohnung zum Auto zu laufen, um mein vergessenes Handy zu holen. Heute dagegen schleppe ich auch schwere Einkaufstüten nach oben, ohne aus der Puste zu kommen. Während ich an verregneten Tagen mit meiner Tochter sonst zu Hause gespielt, gebastelt oder gebacken habe, gehen wir nun auch bei Wind und Wetter spazieren. Die frische Luft tut uns gut. Außerdem hat mich die Leidenschaft für den Sport gepackt: Bis zu fünfmal pro Woche gehe ich ins Fitnessstudio – und zwar vor der Arbeit, morgens in aller Frühe. So passt der Sport am besten in meinen Tag. Morgens um sieben trainiere ich fast alleine und genieße die Ruhe. Ich fühle mich danach nicht nur körperlich fitter, sondern bin insgesamt wacher.

Snacken mit ZeroPoint Lebensmitteln

Weil ich immer in Bewegung bin, habe ich gar nicht mehr das Bedürfnis, so häufig oder so viel zu essen wie früher. Wenn ich ehrlich bin, war mir früher oft langweilig: Eine Tafel Schokolade habe ich dann gefuttert, ohne es richtig zu merken. Heute esse ich bewusster: Beim Sonntagsessen mit der italienischen Großfamilie fülle ich den Teller einmal, aber es gibt keinen Nachschlag mehr. Natürlich habe ich immer mal wieder Lust auf etwas Süßes oder einen Snack vorm Fernseher. Mit den vielen ZeroPoint Lebensmitteln ist das einfach: Ich mache mir dann einen leckeren Skyr mit einem Teelöffel Backkakao oder röste Kichererbsen im Ofen.

Wenn ich heute beim Einkaufen am Supermarktregal vorbeigehe, scanne ich mit dem Barcode-Scanner aus der WW App aus Spaß manchmal eine Tafel Schokolade. Natürlich weiß ich, wie viele Punkte sie hat. Aber wenn ich die Zahl im Handy sehe, fällt es mir leicht, die Tafel links liegen zu lassen …

Meine absoluten Lieblingsrezepte sind:

- **Gyros-Omelette mit Schafskäse** (S. 24)
- **Kunterbunte Veggiebowl** (S. 90)
- **Linsen-Hähnchen-Salat mit Mozzarella** (S. 113)

Geflügel & Fleisch

Mini-Schweine-Schnitzel mit Gemüsepommes

Für 2 Personen **Zubereitungszeit 25 Min.** **Garzeit 30 Min.**

7 5 5

393 kcal | 1646 kJ

- 300 g **Kohlrabi**
- 200 g **Karotten**
- 200 g **Petersilienwurzeln**
- 1/2 TL **Paprikapulver**
- **Salz, Pfeffer**
- 250 g **Schweinefilet**
- 1 EL **Mehl**
- 1 **Ei (Größe M)**
- 1 Prise **Chiliflocken**
- 2 EL **Pankomehl**
- 2 TL **Rapsöl**
- 2 EL **kalorienreduzierter Ketchup**

1 Backofen auf 200° C (Gas: Stufe 3, Umluft: 180° C) vorheizen. Kohlrabi, Karotten und Petersilienwurzeln schälen und in feine Stifte schneiden. Gemüse mit Paprikapulver, Salz und Pfeffer vermischen, auf einem mit Backpapier ausgelegten Backblech verteilen und im Backofen auf mittlerer Schiene ca. 30 Minuten backen, dabei gelegentlich durchrühren.

2 Schweinefilet trocken tupfen und in 6 kleine Scheiben schneiden. Mehl in einen tiefen Teller geben. Ei mit Salz, Pfeffer und Chiliflocken verquirlen und in einen weiteren tiefen Teller geben. Pankomehl in einen dritten tiefen Teller geben. Schnitzel erst in Mehl, dann in Ei und danach in Pankomehl wenden.

3 Öl in einer Pfanne auf hoher Stufe erhitzen und Schnitzel darin 4–5 Minuten von jeder Seite braten. Mini-Schweine-Schnitzel mit Gemüsepommes und Ketchup servieren.

Danielas Tipp:

Eine tolle Gemüse-Kombi – die man auch super in der Heißluftfritteuse zubereiten kann. Dazu habe ich mir noch einen schnellen 0-Punkte-Zaziki aus 2 EL Magermilchjoghurt, gepresstem Knoblauch, geraspelter Gurke, Salz und Pfeffer zusammengerührt und den Ketchup fürs Fleisch verwendet – sehr lecker!

Pita mit Piri-Piri-Hähnchen und Salat

Für 4 Personen **Zubereitungszeit 20 Min.** **Garzeit 30 Min.**

4 3 3

256 kcal | 1073 kJ

- 1 **unbehandelte Zitrone**
- 3 **Knoblauchzehen**
- 2 EL **Piri-Piri-Würzmischung**
- **Salz, Pfeffer**
- 4 **Hähnchenbrustfilets (à 120 g)**
- 4 **Römersalatblätter**
- 4 **Tomaten**
- 1/2 **Salatgurke**
- 1 **rote Zwiebel**
- 3 EL **griechischer Joghurt, Natur, bis 0,2 % Fett**
- 1/2 TL **geräuchertes Paprikapulver**
- 4 **kleine Vollkorn-Pitabrote (à 35 g)**

1 Backofen auf 200° C (Gas: Stufe 3, Umluft: 180° C) vorheizen. Zitronenschale abreiben und Zitrone auspressen. Knoblauch pressen. Piri-Piri-Würzmischung mit der Hälfte der Zitronenschale, der Hälfte des Zitronensaftes, 2 Knoblauchzehen, Salz und Pfeffer vermischen.

2 Hähnchenbrustfilets trocken tupfen, mit Würzmischung bestreichen und auf ein mit Backpapier ausgelegtes Backblech legen. Hähnchen im Backofen auf mittlerer Schiene 25–30 Minuten backen.

3 Salat waschen, trocken schleudern und in Streifen schneiden. Tomaten waschen und würfeln. Gurke waschen und würfeln. Zwiebel schälen und feine Streifen schneiden. Gemüse mit restlichem Zitronensaft vermischen. Joghurt mit restlicher Zitronenschale, restlichem Knoblauch, Paprikapulver, Salz und Pfeffer verrühren.

4 Hähnchen in Streifen schneiden. Pitabrote rösten und mit Piri-Piri-Hähnchen, Gemüse und Joghurt füllen. Pita servieren.

Steak mit Blumenkohlpüree und Fenchel

Für 2 Personen **Zubereitungszeit 20 Min.** **Garzeit 20 Min.**

5 5 5

320 kcal | 1337 kJ

- 1 **kleiner Blumenkohl**
- **Salz, Pfeffer**
- 1 **kleine Fenchelknolle**
- 2 **Rindersteaks (à 150 g)**
- 2 TL **Halbfettmargarine**
- 50 ml **Orangensaft**
- 1 TL **Rapsöl**
- 80 ml **entrahmte Milch**
- 1/2 TL **geriebene Muskatnuss**

1 Blumenkohl waschen, in Röschen teilen und in Salzwasser 10–12 Minuten garen. Fenchel waschen, Strunk entfernen und Fenchel in feine Streifen schneiden. Fenchelgrün hacken. Steaks trocken tupfen.

2 1 TL Margarine in einer Pfanne auf mittlerer Stufe schmelzen, Fenchel darin ca. 5 Minuten dünsten und mit Salz und Pfeffer würzen. Mit Orangensaft ablöschen und ca. 3 Minuten köcheln lassen.

3 Fenchel herausnehmen. Öl im Bratensatz auf hoher Stufe erhitzen, Steaks darin 3–4 Minuten von jeder Seite braten und mit Salz und Pfeffer würzen. Blumenkohl abgießen und mit Milch, restlicher Margarine, Salz, Pfeffer und Muskatnuss pürieren. Blumenkohlpüree mit Fenchelgrün bestreuen und mit Steak und Fenchel servieren.

Blitzpizza mit BBQ-Hähnchen

Für 2 Personen **Zubereitungszeit 15 Min.** **Garzeit 15 Min.**

6 5 5

331 kcal | 1385 kJ

- 1 **kleine gelbe Paprika**
- 100 g **Cocktailtomaten**
- 1 **Frühlingszwiebel**
- 200 g **Hähnchenbrustfilet**
- 1 TL **Rapsöl**
- 25 ml **Barbecuesauce (Fertigprodukt)**
- **Salz, Pfeffer**
- 2 **WW Protein Wraps**
- 1 EL **geriebener Parmesan**
- 6 Blätter **Basilikum**

1 Backofen auf 200° C (Gas: Stufe 3, Umluft: 180° C) vorheizen. Paprika waschen, entkernen und in feine Streifen schneiden. Tomaten waschen und halbieren. Frühlingszwiebel waschen und in Ringe schneiden. Hähnchenbrustfilet trocken tupfen und in Streifen schneiden.

2 Öl in einer Pfanne auf mittlerer bis hoher Stufe erhitzen, Hähnchen darin 5–7 Minuten rundherum anbraten, mit Barbecuesauce ablöschen und mit Salz und Pfeffer würzen.

3 Wraps auf ein mit Backpapier ausgelegtes Backblech legen, Hähnchen samt Sauce darauf verteilen, mit Paprika, Tomaten und Frühlingszwiebeln belegen und mit Parmesan bestreuen. Blitzpizza im Backofen auf mittlerer Schiene ca. 10 Minuten backen und mit Basilikum bestreut servieren.

Danielas Tipp:

Schnell, einfach, lecker! Mit 2 EL Mais getoppt ist es für meinen Mann und mich das perfekte Abendessen.

Kürbisnudeln mit Pute und Apfel

Für 1 Person   **Zubereitungszeit 15 Min.**   **Garzeit 10 Min.**

6 5 5

418 kcal | 1748 kJ

- 200 g **Butternutkürbis**
- 120 g **Putenbrustfilet**
- 1 **Schalotte**
- 1 **säuerlicher Apfel (z. B. Boskop)**
- 1 TL **Olivenöl**
- 1 TL **Butter**
- 60 ml **Geflügelfond**
- 1 TL **gehackter Thymian**
- **Salz, Pfeffer**
- 1 Msp. **abgeriebene unbehandelte Zitronenschale**
- 1 EL **gehackte Walnüsse**

1 Kürbis schälen und mit einem Spiralschneider in dünne Spiralen schneiden. Putenbrustfilet trocken tupfen und würfeln. Schalotte schälen und in feine Streifen schneiden. Apfel waschen, vierteln, entkernen und Apfel würfeln.

2 Öl in einer Pfanne auf mittlerer bis hoher Stufe erhitzen und Pute darin 2–3 Minuten rundherum braten. Butter in die Pfanne geben, schmelzen lassen, Kürbisspiralen, Schalotten und Apfel dazugeben und ca. 3 Minuten mitbraten.

3 Pfanne mit Fond ablöschen, mit Thymian verfeinern, mit Salz und Pfeffer würzen und ca. 3 Minuten köcheln lassen. Kürbisnudeln mit Zitronenschale verfeinern und mit Walnüssen bestreut servieren.

Mexikanische Reispfanne mit Hähnchen

Für 4 Personen **Zubereitungszeit 20 Min.** **Garzeit 35 Min.** **Marinierzeit 10 Min.**

8 4 1

415 kcal | 1736 kJ

120 g	**trockener Naturreis**
	Salz, Pfeffer
400 g	**Hähnchenbrustfilet**
1	**kleine rote Chilischote**
1	**Knoblauchzehe**
1	**Limette**
1 EL	**Olivenöl**
1 1/2 TL	**Fajita-Gewürz**
je 1	**rote, gelbe und grüne Paprika**
1 Dose	**Kidneybohnen (255 g Abtropfgewicht)**
1 Dose	**Mais (140 g Abtropfgewicht)**
400 g	**stückige Tomaten (Konserve)**
2 EL	**gehackter Koriander**

1 Reis nach Packungsanweisung in Salzwasser garen. Hähnchenbrustfilet trocken tupfen und würfeln. Chilischote waschen, entkernen und mit Knoblauch fein hacken. 1/2 Limette auspressen und restliche Limette in Spalten schneiden. Hähnchen mit Chili, Knoblauch, Öl, Limettensaft, Fajita-Gewürz, Salz und Pfeffer in einen Gefrierbeutel geben, gut verkneten und im Kühlschrank ca. 10 Minuten marinieren.

2 Paprika waschen, entkernen und in Stücke schneiden. Bohnen abspülen und mit Mais abtropfen lassen. Eine große Pfanne auf mittlerer bis hoher Stufe erhitzen. Hähnchen abtropfen lassen und darin ca. 3 Minuten rundherum braten. Paprika dazugeben und ca. 5 Minuten mitbraten.

3 Bohnen und Mais dazugeben, mit Tomaten ablöschen und ca. 5 Minuten köcheln lassen. Reis unterheben und mit Salz und Pfeffer abschmecken. Reispfanne mit Koriander bestreuen und mit Limettenspalten servieren.

Danielas Tipp:

Man bekommt beim Duft des Gerichtes schon Lust aufs Essen. Sehr harmonische Zutaten und tolle Farben. Ihr mögt auch keinen Koriander? Nehmt einfach Petersilie!

Gyros-Omelette mit Schafskäse

Für 2 Personen **Zubereitungszeit 15 Min.** **Garzeit 15 Min.**

8 4 4

367 kcal | 1535 kJ

- 150 g **Hähnchenbrustfilet**
- 1 **Zwiebel**
- 100 g **Champignons**
- 1 **kleine rote Paprika**
- 3 TL **Rapsöl**
- **Salz, Pfeffer**
- 1 TL **Gyrosgewürz**
- 3 **Eier (Größe M)**
- 3 EL **entrahmte Milch**
- 40 g **Schafskäse, 25 % Fett i. Tr.**
- 2 TL **gehackte Petersilie**

1 Hähnchenbrustfilet trocken tupfen und in Streifen schneiden. Zwiebel schälen und in Streifen schneiden. Champignons trocken abreiben und in Scheiben schneiden. Paprika waschen, entkernen und in feine Streifen schneiden.

2 1 TL Öl in einer Pfanne auf mittlerer bis hoher Stufe erhitzen und Hähnchen darin ca. 3 Minuten anbraten. Champignons, Zwiebeln und Paprika dazugeben, 3–5 Minuten mitbraten, mit Salz, Pfeffer und Gyrosgewürz würzen und herausnehmen.

3 Eier mit Milch und Salz verquirlen. Restliches Öl im Bratensatz portionsweise erhitzen und aus der Eimasse auf mittlerer Stufe nacheinander 2 Omelettes braten, dabei mit Deckel ca. 2 Minuten stocken lassen.

4 Omelettes mit Hähnchen-Gemüse-Mischung belegen, Schafskäse darüber bröseln und mit Petersilie bestreuen. Omelettes zusammenklappen und servieren.

Danielas Lieblingsrezept:

Simple Zutaten, schnelle Zubereitung und ein bombastischer Geschmack. Mein absolutes Rezept-Highlight!

Gefüllte Ofentomaten mit Putenhack

Für 4 Personen **Zubereitungszeit 15 Min.** **Garzeit 25 Min.**

4 4 4

269 kcal | 1127 kJ

60 g	**trockene Polenta (Maisgrieß)**
250 ml	**Gemüsebrühe (1 TL Instantpulver)**
1	**Zwiebel**
1	**Knoblauchzehe**
8	**große Tomaten**
1 TL	**Olivenöl**
250 g	**Geflügelhackfleisch (aus Geflügelbrustfilet)**
	Salz, Pfeffer
2 EL	**gehackte Petersilie**
1/2 TL	**getrockneter Oregano**
2 EL	**Crème légère**
40 g	**geriebener Parmesan**

1 Polenta nach Packungsanweisung in Brühe garen. Zwiebel schälen und würfeln. Knoblauch pressen. Tomaten waschen, Deckel abschneiden und Tomaten aushöhlen. Backofen auf 200° C (Gas: Stufe 3, Umluft: 180° C) vorheizen.

2 Öl in einer Pfanne auf mittlerer Stufe erhitzen, Geflügelhackfleisch mit Zwiebeln und Knoblauch darin ca. 5 Minuten anbraten und mit Salz und Pfeffer würzen. Polenta mit Petersilie, Oregano, Crème légère, Salz und Pfeffer verrühren und unter die Hackmischung heben.

3 Mischung in die Tomaten füllen und mit Parmesan bestreuen. Tomaten auf ein mit Backpapier ausgelegtes Backblech legen und im Backofen auf mittlerer Schiene 15–20 Minuten backen. Gefüllte Ofentomaten servieren.

Küchentipp

Das Tomateninnere kannst du für Bruscetta oder ein anderes Rezept verwenden.

Schweinekotelett mit Feigensauce und Bohnen

Für 4 Personen Zubereitungszeit 10 Min. Garzeit 15 Min.

5 5 5

288 kcal | 1205 kJ

- 4 **Schweinekoteletts ohne Knochen (à 150 g)**
- **Salz, Pfeffer**
- 1 **Zwiebel**
- 800 g **grüne Bohnen**
- 2 TL **Olivenöl**
- 60 ml **Geflügelfond**
- 1 EL **Feigenkonfitüre**
- 1 EL **geriebener Parmesan**

1 Schweinekoteletts trocken tupfen und mit Salz und Pfeffer würzen. Zwiebel schälen und fein würfeln. Bohnen waschen und in Salzwasser ca. 10 Minuten garen.

2 Öl in einer Pfanne auf mittlerer bis hoher Stufe erhitzen und Koteletts darin 3–5 Minuten von jeder Seite braten. Koteletts herausnehmen und warm stellen. Zwiebeln im Bratensatz ca. 1 Minute andünsten, mit Fond ablöschen und Konfitüre einrühren. Feigensauce mit Salz und Pfeffer abschmecken.

3 Bohnen mit Salz und Pfeffer würzen und mit Parmesan bestreuen. Schweinekoteletts auf den Bohnen anrichten und mit Feigensauce servieren.

Pilzburger mit Chilihähnchen

Für 4 Personen **Zubereitungszeit 15 Min.** **Garzeit 15 Min.**

1 0 0

201 kcal | 842 kJ

- 1 **Zucchini**
- 1 **Karotte**
- 6 Stängel **Koriander**
- 2 **unbehandelte Zitronen**
- 500 g **Geflügelhackfleisch (aus Geflügelbrustfilet)**
- 1 TL **Chiliflocken**
- **Salz, Pfeffer**
- 8 **große Champignons**
- 1 TL **Rapsöl**
- 2 **Tomaten**
- 60 g **Baby-Blattspinat**
- 2 EL **gehacktes Basilikum**

1 Zucchini waschen, Karotte schälen und beides fein raspeln. Gemüse in ein Küchentuch geben und überschüssige Flüssigkeit ausdrücken. Koriander waschen, trocken schütteln und hacken. Zitronenschale abreiben, 1/2 Zitrone auspressen und restliche Zitronen in Spalten schneiden.

2 Zucchini, Karotte, Geflügelhack, Koriander, Zitronenschale und 1/2 TL Chiliflocken verkneten und mit Salz und Pfeffer würzen. Aus der Masse 4 Patties formen. Champignons trocken abreiben und aushöhlen.

3 Öl in einer Pfanne auf mittlerer bis hoher Stufe erhitzen und Patties darin ca. 4 Minuten von jeder Seite braten. Patties herausnehmen und warm stellen. Champignons im Bratensatz ca. 3 Minuten von jeder Seite braten.

4 Für die Salsa Tomaten waschen, fein würfeln und mit Zitronensaft, restlichen Chiliflocken, Salz und Pfeffer verrühren. Spinat waschen und trocken schleudern. 4 Champignons mit Spinat, Patties, Salsa und Basilikum belegen und mit restlichen Champignons abdecken. Pilzburger mit Zitronenspalten servieren.

Curry-Hähnchen-Gratin mit Karotten

Für 4 Personen   Zubereitungszeit 15 Min.   Garzeit 35 Min.

4 3 3

271 kcal | 1135 kJ

- 800 g **Karotten**
- 2 **Zwiebeln**
- 4 **Hähnchenbrustfilets (à 120 g)**
- 1 TL **Rapsöl**
- **Salz, Pfeffer**
- 1 TL **Curry**
- 2 Tüten **WW Curry Sauce**
- 400 ml **Wasser**
- 2 EL **gehackte Petersilie**
- 50 g **geriebener Käse, 30 % Fett i. Tr.**

1 Karotten schälen und in Scheiben schneiden. Zwiebeln schälen und in feine Streifen schneiden. Hähnchenbrustfilets trocken tupfen. Öl in einer hohen Pfanne auf mittlerer Stufe erhitzen, Hähnchenfilets darin 4–5 Minuten von jeder Seite braten, mit Salz, Pfeffer und Curry würzen und in eine Auflaufform (ca. 20 x 30 cm) legen.

2 Backofen auf 200° C (Gas: Stufe 3, Umluft: 180° C) vorheizen. Karotten und Zwiebeln im Bratensatz ca. 5 Minuten andünsten. WW Curry Sauce mit Wasser anrühren, Gemüse damit ablöschen und aufkochen.

3 Gemüse mit Petersilie verfeinern, mit Salz und Pfeffer abschmecken, samt Sauce in die Auflaufform geben und mit Käse bestreuen. Curry-Hähnchen-Gratin im Backofen auf mittlerer Schiene ca. 20 Minuten garen und servieren.

Exotische Note

Erlebe die würzige Curry Sauce für nur 2 SmartPoints® pro Portion. Ohne künstliche Farbstoffe und Aromen. In einer Minute fertig zubereitet, überzeugt die Sauce in Kombination mit Fleisch oder Gemüse. Erhältlich im WW Studio und auf wwshop.de.

Konjaknudeln mit Zuckerschoten und Tatar

Für 2 Personen **Zubereitungszeit 15 Min.** **Garzeit 15 Min.**

3 3 3

308 kcal | 1290 kJ

1	**Zwiebel**
400 g	**Zuckererbsenschoten**
1 Stück	**Ingwer (ca. 2 cm)**
1	**Knoblauchzehe**
250 g	**Konjaknudeln**
1 TL	**Sesamöl**
250 g	**Tatar**
2 EL	**Sojasauce**
	Salz, Pfeffer
1 Prise	**Chiliflocken**
2 EL	**gehackter Koriander**

1 Zwiebel schälen und in Streifen schneiden. Zuckererbsenschoten waschen und längs in Streifen schneiden. Ingwer schälen und mit Knoblauch fein hacken. Nudeln nach Packungsanweisung zubereiten.

2 Öl in einer Pfanne auf mittlerer Stufe erhitzen und Tatar darin krümelig anbraten. Zwiebeln, Zuckererbsenschoten, Ingwer und Knoblauch dazugeben und 5–8 Minuten mitbraten. Pfanne mit Sojasauce ablöschen, mit Salz, Pfeffer und Chiliflocken würzen und Nudeln unterheben. Konjaknudeln mit Koriander bestreut servieren.

Puten-Chicorée-Pfanne mit Kräuterseitlingen

Für 2 Personen **Zubereitungszeit 15 Min.** **Garzeit 15 Min.**

3 2 2

213 kcal | 890 kJ

- 250 g **Kräuterseitlinge**
- 250 g **Chicorée**
- 1 **Zwiebel**
- 1 **Knoblauchzehe**
- 200 g **Putenbrustfilet**
- 1 TL **Olivenöl**
- 1 Tüte **WW Cream Sauce**
- 250 ml **Wasser**
- **Salz, Pfeffer**
- 2 EL **gehackte Petersilie**

1 Kräuterseitlinge trocken abreiben und in Streifen schneiden. Chicorée waschen und in Streifen schneiden. Zwiebel schälen und in Streifen schneiden. Knoblauch pressen. Putenbrustfilet trocken tupfen und in Streifen schneiden.

2 Öl in einer großen Pfanne auf mittlerer bis hoher Stufe erhitzen und Pute mit Kräuterseitlingen darin ca. 5 Minuten rundherum anbraten. Zwiebeln, Knoblauch und Chicorée dazugeben und 3–5 Minuten mitbraten.

3 WW Cream Sauce mit Wasser anrühren, in die Pfanne geben und aufkochen. Puten-Chicorée-Pfanne mit Salz und Pfeffer abschmecken und mit Petersilie bestreut servieren.

Geflügelsandwich mit Mangochutney

Für 2 Personen **Zubereitungszeit 15 Min.** **Garzeit 20 Min.**

5 5 5

246 kcal | 1027 kJ

1/2	**Mango**
1	**kleine rote Zwiebel**
1 TL	**Olivenöl**
1 Msp.	**Chilipulver**
1 TL	**Zucker**
2 EL	**heller Balsamicoessig**
2 EL	**Wasser**
	Salz, Pfeffer
1	**Tomate**
1 Handvoll	**Rucola**
2	**Toastbrötchen**
6 Scheiben	**Geflügelbrustaufschnitt**

1 Mango schälen, das Fruchtfleisch vom Stein schneiden und Mango würfeln. Zwiebel schälen und fein würfeln. Öl in einem Topf auf mittlerer Stufe erhitzen und Zwiebeln darin ca. 2 Minuten andünsten. Mango, Chilipulver und Zucker dazugeben, ca. 2 Minuten mitdünsten und mit Essig und 2 EL Wasser ablöschen. Mango mit Salz und Pfeffer würzen und auf niedriger Stufe ca. 15 Minuten köcheln lassen.

2 Tomate waschen und in Scheiben schneiden. Rucola waschen und trocken schleudern. Toastbrötchen aufschneiden, rösten und 2 Brötchenhälften mit Mangochutney bestreichen. Mit Tomate, Geflügelbrustaufschnitt und Rucola belegen, restliches Mangochutney daraufgeben und mit restlichen Brötchenhälften abdecken. Geflügelsandwich servieren.

Hähnchenschnitzel mit Estragon-Gemüse

Für 4 Personen   Zubereitungszeit 20 Min.   Garzeit 20 Min.

6 4 4

300 kcal | 1257 kJ

- 4 **Hähnchenbrustfilets (à 120 g)**
- 30 g **Mehl**
- 1 **Ei (Größe M)**
- **Salz, Pfeffer**
- 60 g **Vollkorn-Paniermehl**
- 200 g **grüne Bohnen**
- 2 **große Karotten**
- 100 g **Baby-Blattspinat**
- 1 EL **gesalzene Butter**
- 2 EL **gehackter Estragon**
- 1/2 **Zitrone**

1 Backofen auf 200° C (Gas: Stufe 3, Umluft: 180° C) vorheizen. Hähnchenbrustfilets trocken tupfen und flacher klopfen. Mehl in einen tiefen Teller geben. Ei in einem weiteren tiefen Teller mit Salz und Pfeffer verquirlen. Paniermehl in einem dritten tiefen Teller verteilen.

2 Hähnchen zuerst in Mehl, dann in Ei und danach in Paniermehl wenden. Hähnchen auf ein mit Backpapier ausgelegtes Backblech legen und im Backofen auf mittlerer Schiene 15–20 Minuten backen.

3 Bohnen waschen, in Salzwasser ca. 10 Minuten garen und abgießen. Karotten schälen und in breite Stifte schneiden. Spinat waschen und trocken schleudern. Karotten in einem Dämpfeinsatz über kochendem Wasser 6–7 Minuten dämpfen. Spinat dazugeben und ca. 2 Minuten mitdämpfen.

4 Bohnen, Karotten und Spinat mit Butter und Estragon verfeinern und mit Salz und Pfeffer würzen. Zitronenhälfte in Spalten schneiden. Hähnchenschnitzel mit Estragon-Gemüse und Zitronenspalten servieren.

Fisch & Meeresfrüchte

Pokébowl mit Thunfisch und Sesam

Für 4 Personen Zubereitungszeit 20 Min. Garzeit 5 Min. Marinierzeit 5 Min.

6 1 1

311 kcal | 1301 kJ

- 1 Stück **Ingwer (ca. 2 cm)**
- 2 EL **Sojasauce**
- 1 EL **Reisessig**
- 2 TL **Sesamöl**
- 400 g **Thunfischfilet**
- 300 g **Edamame (TK)**
- 2 TL **Sesam**
- 100 g **Baby-Blattspinat**
- 2 **Mini-Gurken**
- 2 **große Karotten**

1 Für die Marinade Ingwer schälen, reiben und mit Sojasauce, Essig und Öl verrühren. Thunfisch abspülen, trocken tupfen, in kleine Würfel schneiden, mit Marinade in einen Gefrierbeutel geben, gut verkneten und im Kühlschrank ca. 5 Minuten marinieren.

2 Edamame in Salzwasser ca. 2 Minuten garen. Sesam fettfrei in einer Pfanne auf mittlerer Stufe 2–3 Minuten rösten. Spinat waschen und trocken schleudern. Gurken waschen und würfeln. Karotten schälen und mit einem Sparschäler in dünne Streifen schneiden.

3 Spinat, Gurken, Karotten, Edamame und Thunfisch jeweils separat nebeneinander auf 4 Schalen verteilen und mit Sesam bestreuen. Pokébowl servieren.

Fischfrikadellen mit Tomaten-Mango-Salsa

Für 4 Personen **Zubereitungszeit 20 Min.** **Garzeit 10 Min.**

5 1 1

253 kcal | 1059 kJ

1	**rote Zwiebel**
1	**kleine Mango**
300 g	**Cocktailtomaten**
4 Stängel	**Koriander**
1 EL	**Limettensaft**
1 Prise	**Chiliflocken**
	Salz, Pfeffer
400 g	**geräuchertes Forellenfilet**
1 EL	**Paniermehl**
1	**Ei (Größe M)**
1 TL	**Tafelmeerrettich**
1 EL	**Olivenöl**

1 Zwiebel schälen und fein würfeln. Mango schälen, das Fruchtfleisch vom Stein schneiden und Mango fein würfeln. Tomaten waschen und würfeln. Koriander waschen, trocken schütteln und hacken. Zwiebeln mit Mango, Tomaten, der Hälfte des Korianders, Limettensaft, Chiliflocken, Salz und Pfeffer verrühren und ziehen lassen.

2 Forellenfilet fein hacken, mit Paniermehl, Ei, restlichem Koriander, Meerrettich, Salz und Pfeffer verkneten und aus der Masse 4 große Frikadellen formen. Öl in einer Pfanne auf mittlerer bis hoher Stufe erhitzen und Fischfrikadellen darin 5–7 Minuten von jeder Seite braten. Fischfrikadellen mit Salsa servieren.

Danielas Tipp:

Ein super Gericht, das ich definitiv öfter machen werde, da mir die Kombi aus süß und herzhaft super gefällt. Wenn man Zeit hat, sollte man die Salsa etwas länger ziehen lassen, dann schmeckt sie noch intensiver.

Kartoffel-Romanesco-Gratin mit Garnelen

Für 4 Personen **Zubereitungszeit 15 Min.** **Garzeit 40 Min.**

6 5 2

324 kcal | 1356 kJ

600 g	**festkochende Kartoffeln**
	Salz, Pfeffer
1	**Romanesco (ca. 750 g)**
400 g	**küchenfertige Garnelen (frisch oder TK)**
2 Tüten	**WW Gratin Sauce**
400 ml	**Wasser**
1 EL	**gehackter Thymian**
50 g	**geriebener Käse, 30 % Fett i. Tr.**

1 Kartoffeln schälen, in Scheiben schneiden, in Salzwasser ca. 10 Minuten vorgaren und abgießen. Romanesco waschen, in Röschen teilen und in Salzwasser ca. 3 Minuten blanchieren. Garnelen gegebenenfalls auftauen lassen, abspülen und trocken tupfen.

2 Backofen auf 200° C (Gas: Stufe 3, Umluft 180° C) vorheizen. WW Gratin Sauce mit Wasser anrühren, in einem Topf auf mittlerer Stufe aufkochen und mit Thymian verfeinern.

3 Kartoffeln, Romanesco und Garnelen in eine Auflaufform (Ø ca. 25 cm) füllen, mit Salz und Pfeffer würzen, Gratin Sauce darüber gießen und mit Käse bestreuen. Kartoffel-Romanesco-Gratin im Backofen auf mittlerer Schiene ca. 30 Minuten backen und servieren.

Einfach genießen

Schlemme die leckere Gratin Sauce für nur 1 SmartPoints® und zaubere herrliche Gerichte im Ofen. Erhältlich im WW Studio und auf wwshop.de.

Cloud Bread mit Wolfsbarsch

Für 2 Personen **Zubereitungszeit 15 Min.** **Garzeit 15 Min.** **Kühlzeit 5 Min.**

6 2 2

263 kcal | 1099 kJ

- 2 **Eier (Größe M)**
- **Salz, Pfeffer**
- 80 g **Frischkäse, bis 5 % Fett absolut**
- 1 EL **Schnittlauchringe**
- 1/2 TL **Backpulver**
- 160 g **Wolfsbarschfilet**
- 1 TL **Olivenöl**
- 1 TL **Limettensaft**
- 1/4 **Salatgurke**
- 1 TL **körniger Senf**
- 1 EL **Kresse**

1 Backofen auf 160° C (Gas: Stufe 1, Umluft: 140° C) vorheizen. Eier trennen und Eiklar mit 1 Prise Salz steif schlagen. Eigelb mit 40 g Frischkäse, Schnittlauch, Backpulver und Pfeffer verrühren. Eischnee vorsichtig unterheben.

2 Mit einem Esslöffel aus der Masse 4 runde Taler (Ø 10 cm) auf einem mit Backpapier ausgelegten Backblech formen, im Backofen auf mittlerer Schiene ca. 15 Minuten backen und ca. 5 Minuten abkühlen lassen.

3 Wolfsbarsch abspülen, trocken tupfen und würfeln. Öl in einer Pfanne auf mittlerer Stufe erhitzen, Wolfsbarsch darin 5–7 Minuten rundherum braten, mit Salz und Pfeffer würzen und mit Limettensaft beträufeln.

4 Gurke waschen und in Scheiben schneiden. Für die Creme restlichen Frischkäse mit Senf, Salz und Pfeffer verrühren und Taler damit bestreichen. Taler mit Gurke, Wolfsbarsch und Kresse belegen und Cloud Bread servieren.

Räucher-Seelachs mit Gemüse-Chorizo-Pfanne

Für 4 Personen **Zubereitungszeit 15 Min.** **Garzeit 30 Min.**

4 3 3

251 kcal | 1049 kJ

- 1 **unbehandelte Zitrone**
- 3 **Knoblauchzehen**
- 1/2 **rote Chilischote**
- 2 TL **geräuchertes Paprikapulver**
- 1 EL **gehackte glatte Petersilie**
- **Salz, Pfeffer**
- 4 **Seelachsfilets (à 125 g)**
- 1 **rote Zwiebel**
- 2 **rote Paprika**
- 2 **Tomaten**
- 100 g **Chorizo**
- 200 g **Baby-Blattspinat**

1 Backofen auf 180° C (Gas: Stufe 2, Umluft: 160° C) vorheizen. Zitronenschale abreiben und Zitrone auspressen. 1 Knoblauchzehe pressen. Chilischote waschen, entkernen und fein hacken. Für die Marinade die Hälfte der Zitronenschale mit der Hälfte des Zitronensaftes, gepresstem Knoblauch, Chilischote, 1 TL Paprikapulver, Petersilie, Salz und Pfeffer vermischen.

2 Seelachsfilets abspülen, trocken tupfen, mit Marinade bestreichen und auf einem mit Backpapier ausgelegten Backblech verteilen. Seelachs im Backofen auf mittlerer Schiene 25–30 Minuten garen.

3 Zwiebel schälen und in Streifen schneiden. Paprika waschen, entkernen und fein würfeln. Tomaten waschen und würfeln. Restlichen Knoblauch in Scheiben schneiden. Chorizo fein würfeln.

4 Eine Pfanne auf mittlerer Stufe erhitzen und Chorizo darin ca. 2 Minuten anbraten. Zwiebeln, Paprika und Knoblauch dazugeben und ca. 3 Minuten mitbraten. Tomaten dazugeben, mit restlichem Paprikapulver bestäuben, mit 150 ml kochendem Wasser ablöschen und ca. 5 Minuten köcheln lassen.

5 Spinat waschen, trocken schleudern, in die Pfanne geben und zusammenfallen lassen. Mit Salz und Pfeffer würzen und mit restlichem Zitronensaft und -schale verfeinern. Räucher-Seelachs mit Gemüse-Chorizo-Pfanne servieren.

Mediterraner Fischeintopf

Für 4 Personen   Zubereitungszeit 20 Min.   Garzeit 20 Min.

3 1 1

241 kcal | 1008 kJ

- 1 **Zwiebel**
- 1 Bund **Suppengemüse**
- 1 **gelbe Paprika**
- 1 **Knoblauchzehe**
- 300 g **Rotbarschfilet**
- 2 TL **Olivenöl**
- 300 g **Meeresfrüchte (TK)**
- 80 ml **trockener Weißwein**
- 800 ml **Gemüsebrühe (4 TL Instantpulver)**
- 1 EL **Kräuter der Provence (getrocknet oder TK)**
- 4 **Wacholderbeeren**
- **Salz, Pfeffer**
- 2 EL **gehackte Petersilie**
- 1 EL **gehackter Thymian**

1 Zwiebel und Suppengemüse schälen und fein würfeln. Paprika waschen, entkernen und in Stücke schneiden. Knoblauch pressen. Rotbarschfilet abspülen, trocken tupfen und würfeln. Öl in einem Topf auf mittlerer Stufe erhitzen und Zwiebeln mit Suppengemüse darin ca. 5 Minuten anbraten.

2 Meeresfrüchte dazugeben, ca. 3 Minuten mitbraten und mit Wein und Brühe ablöschen. Rotbarsch, Kräuter der Provence, Wacholderbeeren, Salz und Pfeffer dazugeben und Rotbarsch ca. 10 Minuten gar ziehen lassen. Wacholderbeeren entfernen. Fischeintopf mit Salz und Pfeffer abschmecken und mit Petersilie und Thymian bestreut servieren.

Danielas Tipp:

Ein leckeres, super schnell gemachtes Gericht. Wer noch Punkte übrig hat: Den Eintopf mit einem Klecks Crème légère garnieren und mit Brot servieren.

Salat-Garnelen-Schiffchen mit Mango

Für 2 Personen Zubereitungszeit 25 Min. Garzeit 5 Min.

3 2 2

367 kcal | 1537 kJ

- 1 **kleine Mango**
- 2 **Tomaten**
- 1/2 **Salatgurke**
- 1 **rote Chilischote**
- 1 **Knoblauchzehe**
- 1 Handvoll **Koriander**
- 2 **unbehandelte Limetten**
- **Meersalz, grober Pfeffer**
- 2 EL **Maismehl**
- 1 TL **Chiliflocken**
- 1 TL **5-Gewürze-Pulver**
- 250 g **küchenfertige Riesengarnelen**
- 1 TL **Olivenöl**
- 1 **kleines Römersalatherz**

1 Mango schälen, das Fruchtfleisch vom Stein schneiden und Mango fein würfeln. Tomaten mit Gurke waschen und würfeln. Chilischote waschen, entkernen und mit Knoblauch fein hacken. Koriander waschen, trocken schütteln und hacken. 1 TL Limettenschale abreiben und 1 Limette auspressen. Mango mit Tomaten, Gurke, Chilischote, Knoblauch, Koriander, Limettensaft und -schale vermischen und mit Salz und Pfeffer würzen.

2 Für die Marinade Mehl mit Chiliflocken, 5-Gewürze-Pulver, Salz und Pfeffer vermischen. Garnelen abspülen, trocken tupfen und in Marinade wenden. Öl in einer Pfanne auf mittlerer Stufe erhitzen und Garnelen darin 1–2 Minuten von jeder Seite braten.

3 Restliche Limette in Spalten schneiden. Salat waschen, trocken schleudern und in Blätter teilen. Mangomischung auf die Blätter verteilen und Garnelen daraufgeben. Salat-Garnelen-Schiffchen servieren.

Hasselback-Zucchini mit Thunfischcreme

Für 2 Personen **Zubereitungszeit 10 Min.** **Garzeit 35 Min.**

4 3 3

229 kcal | 958 kJ

- 2 **große Zucchini**
- 1 Dose **Thunfisch im eigenen Saft (150 g Abtropfgewicht)**
- 1 TL **Kapern**
- 1 EL **gehackte Petersilie**
- 2 EL **Crème légère**
- 1 TL **Zitronensaft**
- **Salz, Pfeffer**
- 30 g **geriebener Parmesan**

1 Backofen auf 200° C (Gas: Stufe 3, Umluft 180° C) vorheizen. Zucchini waschen und fächerartig im Abstand von 5 mm ein-, aber nicht durchschneiden. Zucchini auf ein mit Backpapier ausgelegtes Backblech legen und im Backofen auf mittlerer Schiene ca. 20 Minuten vorgaren.

2 Thunfisch abgießen. Kapern hacken und mit Thunfisch, Petersilie, Crème légère, Zitronensaft, Salz und Pfeffer verrühren. Thunfischcreme in die Zucchinispalten streichen, mit Parmesan bestreuen und im Backofen auf mittlerer Schiene ca. 15 Minuten fertig garen. Hasselback-Zucchini servieren.

Sushisalat mit Lachs

Für 4 Personen **Zubereitungszeit 20 Min.** **Garzeit 30 Min.** **Kühlzeit 15 Min.**

8 4 4

351 kcal | 1466 kJ

160 g	**trockener Sushireis**
	Salz
3 EL	**Reisessig**
1 TL	**Zucker**
100 g	**Edamame (TK)**
1	**Salatgurke**
2	**gelbe Paprika**
1/2 Beet	**Kresse**
200 g	**Lachsfilet**
150 g	**Magermilchjoghurt**
1 EL	**Sojasauce**
1/2 TL	**Wasabipaste**

1 Reis nach Packungsanweisung in Salzwasser garen. Essig mit Zucker und 1 TL Salz verrühren. Reis in eine breite Schüssel geben, Essigmischung unterheben und ca. 15 Minuten ausdampfen lassen.

2 Edamame auftauen lassen. Gurke waschen und würfeln. Paprika waschen, entkernen und in feine Streifen schneiden. Kresse vom Beet schneiden. Lachsfilet abspülen, trocken tupfen und in dünne Scheiben schneiden.

3 Für das Dressing Joghurt mit Sojasauce und Wasabipaste verrühren. Reis auf 4 Schalen verteilen und Gemüse mit Lachs darauf anrichten. Sushisalat mit Dressing beträufeln und mit Kresse bestreut servieren.

Küchentipp

Achte beim Lachs auf Sushiqualität oder verwende stattdessen Räucherlachs. Der SmartPoints Wert bleibt gleich.

Steinbeißer mit Broccolikruste und Gemüsestampf

Für 4 Personen **Zubereitungszeit 20 Min.** **Garzeit 30 Min.**

5 3 1

264 kcal | 1106 kJ

150 g	**Broccoli**
	Salz, Pfeffer
1	**Ei (Größe M)**
2 EL	**Paniermehl**
1 TL	**Zatar**
4	**Steinbeißerfilets (à 125 g)**
500 g	**Knollensellerie**
300 g	**Karotten**
300 g	**mehligkochende Kartoffeln**
150 ml	**entrahmte Milch**
1 Msp.	**geriebene Muskatnuss**

1 Backofen auf 180° C (Gas: Stufe 2, Umluft: 160° C) vorheizen. Broccoli waschen, in Röschen teilen und in Salzwasser ca. 2 Minuten blanchieren. Broccoli fein hacken und mit Ei, Paniermehl, Salz, Pfeffer und Zatar verrühren.

2 Steinbeißerfilets abspülen, trocken tupfen, mit Salz und Pfeffer würzen und auf ein mit Backpapier ausgelegtes Backblech legen. Broccolimischung darauf verteilen und im Backofen auf mittlerer Schiene ca. 25 Minuten backen.

3 Sellerie, Karotten und Kartoffeln schälen, würfeln und in Salzwasser ca. 20 Minuten garen. Gemüse mit Kartoffeln abgießen, mit Milch zerstampfen und mit Salz, Pfeffer und Muskatnuss würzen. Steinbeißer mit Gemüsestampf servieren.

Gemüse & Hülsenfrüchte

Bunte Tomaten-Zwiebel-Quiche

Für 6 Stücke **Zubereitungszeit 20 Min.** **Garzeit 50 Min.** **Kühlzeit 30 Min.**

7 5 5

240 kcal | 1004 kJ

- 200 g **Vollkornmehl**
- 100 g **WW Brotaufstrich**
- 50 ml **kaltes Mineralwasser**
- **Salz, Pfeffer**
- 2 **rote Zwiebeln**
- 400 g **bunte Cocktailtomaten**
- 3 **Eier (Größe M)**
- 160 ml **entrahmte Milch**
- 60 g **geriebener Käse, 30 % Fett i. Tr.**
- 1 EL **Zitronensaft**
- 1 TL **gehackter Thymian**

1 Backofen auf 180° C (Gas: Stufe 2, Umluft: 160° C) vorheizen. Für den Teig Mehl, 90 g WW Brotaufstrich, Mineralwasser und 1 TL Salz verkneten. Teig in Frischhaltefolie wickeln und ca. 15 Minuten kalt stellen.

2 Eine Tarteform (Ø 26 cm) mit restlichem WW Brotaufstrich fetten. Teig zwischen Backpapier rund ausrollen und Tarteform damit auskleiden, dabei einen 2 cm hohen Rand formen. Teig mehrmals mit einer Gabel einstechen und im Backofen auf mittlerer Schiene ca. 15 Minuten vorbacken.

3 Zwiebeln schälen und in Streifen schneiden. Tomaten waschen und halbieren. Eier mit Milch, Käse, Zitronensaft, Thymian, Salz und Pfeffer verquirlen. Zwiebeln mit 300 g Tomaten auf den Teig legen, Eierguss darüber gießen und restliche Tomaten auf die Masse legen. Quiche im Backofen auf mittlerer Schiene ca. 35 Minuten backen, ca. 15 Minuten abkühlen lassen und in Stücke schneiden. Tomaten-Zwiebel-Quiche servieren.

Danielas Tipp:

Den Teig habe ich mit Halbfettmargarine zubereitet und für eine frische, würzige Note die Quiche mit Zitronenpfeffer verfeinert. Wow! Das Gericht werde ich noch häufiger für meine Familie kochen.

Gut kombiniert

Dazu passt ein Salat aus 100 g Pflücksalatmischung (Kühltheke) und 1 Becher WW Zitronen Joghurt Dressing. Berechne für den Salat insgesamt 5 SmartPoints in jedem Plan.

Falafelpita mit Granatapfel

Für 2 Personen **Zubereitungszeit 15 Min.** **Garzeit 10 Min.**

8 5 5

327 kcal | 1369 kJ

130 g	**Kichererbsen (Konserve)**
2 EL	**Erbsen (TK)**
1 EL	**gehackte Petersilie**
je 1/2 TL	**Kreuzkümmel und Paprikapulver**
	Salz, Pfeffer
1 TL	**Olivenöl**
1	**Tomate**
1/4	**Salatgurke**
1 Handvoll	**Pflücksalatmischung (Kühltheke)**
2	**Pitabrote**
4 EL	**Magermilchjoghurt**
2 EL	**Granatapfelkerne**

1 Kichererbsen abspülen, abtropfen lassen und mit gefrorenen Erbsen, Petersilie, Kreuzkümmel, Paprikapulver, Salz und Pfeffer pürieren. Aus der Masse 4 kleine Falafel formen.

2 Öl in einer Pfanne auf mittlerer bis hoher Stufe erhitzen und Falafel darin 3–4 Minuten von jeder Seite braten. Tomate und Gurke waschen und würfeln. Salat waschen und trocken schleudern.

3 Pitabrote rösten und mit je 1 EL Joghurt füllen. Tomate, Gurke, Salat und Falafel hineingeben und mit restlichem Joghurt beträufeln. Falafelpita mit Granatapfelkernen bestreut servieren.

Blumenkohlrisotto mit Pilzen

Für 4 Personen Zubereitungszeit 20 Min. Garzeit 20 Min.

1 1 1

117 kcal | 488 kJ

- 1 **Blumenkohl**
- 1 **große Zwiebel**
- 2 **Knoblauchzehen**
- 250 g **braune Champignons**
- 4 Zweige **Thymian**
- 2 TL **Olivenöl**
- 250 ml **heiße, vegane Gemüsebrühe (1 TL Instantpulver)**
- 3 TL **Hefeflocken**
- 2 EL **Wasser**
- **Salz, Pfeffer**
- 1 EL **gehackte Petersilie**

1 Blumenkohl waschen, in Röschen teilen und grob hacken. Zwiebel schälen und mit Knoblauch fein würfeln. Champignons trocken abreiben und in Scheiben schneiden. Thymian waschen, trocken schütteln und hacken.

2 1 TL Öl in einem Topf auf mittlerer Stufe erhitzen und ein Drittel des Blumenkohls mit Knoblauch darin 2–3 Minuten anbraten. Mit 200 ml Brühe ablöschen und mit Deckel ca. 15 Minuten köcheln lassen. Blumenkohl mit Hefeflocken verfeinern und pürieren.

3 Restlichen Blumenkohl fein hacken. Restliches Öl in einer Pfanne auf mittlerer Stufe erhitzen und Zwiebeln mit Champignons, Thymian und Wasser darin ca. 10 Minuten anbraten. Fein gehackten Blumenkohl und restliche Brühe dazugeben und ca. 2 Minuten mitgaren. Blumenkohlpüree unterrühren und mit Salz und Pfeffer würzen. Blumenkohlrisotto mit Petersilie bestreut servieren.

Knusprige Selleriesteaks mit Salsa

Für 2 Personen **Zubereitungszeit 20 Min.** **Garzeit 20 Min.**

5 4 4

272 kcal | 1137 kJ

- 1 **Knollensellerie (ca. 500 g)**
- **Salz, Pfeffer**
- 1 **große Tomate**
- 1/4 **Salatgurke**
- 1/2 **rote Chilischote**
- 1 **Limette**
- 2 EL **gehackte Petersilie**
- 1 **Eigelb (Größe M)**
- 1 EL **italienische Kräuter (TK)**
- 1 Msp. **Paprikapulver**
- 3 EL **Pankomehl**
- 4 TL **Rapsöl**

1 Sellerie schälen, in 4 1–2 cm breite Scheiben schneiden und in Salzwasser 10–12 Minuten vorgaren. Tomate und Gurke waschen und fein würfeln. Chilischote waschen, entkernen und fein hacken.

2 Limette halbieren, eine Hälfte auspressen und restliche Limette in Spalten schneiden. Tomate, Gurke, Chili, Limettensaft und Petersilie vermischen und mit Salz und Pfeffer abschmecken.

3 Eigelb in einem tiefen Teller mit Kräutern, Paprikapulver, Salz und Pfeffer verquirlen. Pankomehl in einen weiteren tiefen Teller geben. Sellerie erst in Ei und danach in Pankomehl wenden.

4 Öl portionsweise in einer Pfanne auf mittlerer bis hoher Stufe erhitzen und Sellerie darin 3–5 Minuten von jeder Seite braten. Selleriesteaks mit Salsa und Limettenspalten servieren.

Bulgur-Taboulé mit gegrillter Zucchini und Hummus

Für 4 Personen **Zubereitungszeit 20 Min.** **Garzeit 15 Min.**

6 3 3

260 kcal | 1089 kJ

60 g	**trockener Bulgur**
	Salz, Pfeffer
100 g	**glatte Petersilie**
30 g	**Minze**
200 g	**Tomaten**
6	**Frühlingszwiebeln**
2	**Zitronen**
1 Dose	**Kichererbsen (265 g Abtropfgewicht)**
4 TL	**Olivenöl**
1 TL	**Tahin (Sesampaste)**
1/2 TL	**Kreuzkümmel**
2	**Zucchini**
4 EL	**Granatapfelkerne**

1 Bulgur nach Packungsanweisung in Salzwasser garen. Petersilie mit Minze waschen, trocken schütteln und grob hacken. Tomaten waschen und fein würfeln. Frühlingszwiebeln waschen und in Ringe schneiden. Zitronen auspressen.

2 Kichererbsen abspülen, abtropfen lassen und mit 2 TL Öl, Tahin, 2 EL Zitronensaft, Kreuzkümmel, Salz und Pfeffer pürieren. Bulgur mit Petersilie, Minze, Tomaten, Frühlingszwiebeln, restlichem Öl und restlichem Zitronensaft verrühren und mit Salz und Pfeffer abschmecken. Taboulé im Kühlschrank ziehen lassen.

3 Zucchini waschen und längs in dünne Scheiben schneiden. Eine Grillpfanne auf mittlerer bis hoher Stufe erhitzen und Zucchini fettfrei darin portionsweise 2–3 Minuten von jeder Seite grillen. Hummus auf einer Servierplatte verstreichen, Taboulé und Zucchini darauf verteilen und mit Granatapfelkernen bestreuen. Bulgur-Taboulé servieren.

Gemüse-Reis-Bowl mit Ingwer-Limetten-Dressing

Für 4 Personen **Zubereitungszeit 20 Min.** **Garzeit 30 Min.** **Kühlzeit 15 Min.**

7 5 4

270 kcal | 1129 kJ

- 60 g **trockener Naturreis**
- **Salz, Pfeffer**
- 1 **rote Zwiebel**
- 1 **Karotte**
- 1 **rote Paprika**
- 150 g **Cocktailtomaten**
- 1 **Avocado**
- 1 **Mango**
- 1 Dose **schwarze Bohnen (240 g Abtropfgewicht)**
- 1 Stück **Ingwer (ca. 2 cm)**
- 4 EL **gehackter Koriander**
- 2 EL **Limettensaft**
- 4 TL **geröstetes Sesamöl**
- 2 TL **Agavendicksaft**
- 1 EL **Wasser**

1 Reis nach Packungsanweisung in Salzwasser garen und ca. 15 Minuten abkühlen lassen. Zwiebel schälen und fein würfeln. Karotte schälen und in feine Stifte schneiden. Paprika waschen, entkernen und würfeln. Tomaten waschen und halbieren. Avocado halbieren, Stein entfernen und Avocadofruchtfleisch würfeln. Mango schälen, das Fruchtfleisch vom Stein schneiden und Mango würfeln. Bohnen abspülen und abtropfen lassen.

2 Für das Dressing Ingwer schälen, mit 2 EL Koriander, Limettensaft, Öl, Agavendicksaft und Wasser pürieren und mit Salz und Pfeffer abschmecken. Reis mit Bohnen, Avocado, Mango und Gemüse vermischen und mit Dressing verrühren. Gemüse-Reis-Bowl mit restlichem Koriander bestreut servieren.

Quesadilla mit Ziegenkäse und Apfel

Für 2 Personen **Zubereitungszeit 15 Min.** **Garzeit 15 Min.**

6 5 5

242 kcal | 1014 kJ

- 4 **getrocknete Tomaten ohne Öl**
- 30 ml **heiße Gemüsebrühe (1/4 TL Instantpulver)**
- 1 **süßlicher Apfel (z. B. Gala Royal)**
- 50 g **Rucola**
- 70 g **Skyr, Natur**
- 1 EL **Ziegenfrischkäse, 45 % Fett i. Tr.**
- 2 TL **gehackter Koriander**
- **Salz, Pfeffer**
- 2 **kleine Tortillawraps**
- 1 TL **Pinienkerne**
- 1 EL **dunkler Balsamicoessig**

1 Tomaten ca. 10 Minuten in Brühe einweichen und pürieren. Apfel waschen, vierteln, entkernen und Apfel in dünne Spalten schneiden. Rucola waschen und trocken schleudern. Tomaten samt Sud mit 40 g Skyr, Ziegenfrischkäse, Koriander, Salz und Pfeffer verrühren und Tortillawraps damit bestreichen.

2 Eine Pfanne auf mittlerer Stufe erhitzen, Pinienkerne darin fettfrei 2–3 Minuten rösten und herausnehmen. 1 Wrap in die Pfanne legen, mit der Hälfte des Apfels, 1 Handvoll Rucola und Pinienkernen belegen und mit restlichem Wrap abdecken.

3 Quesadilla auf niedriger bis mittlerer Stufe 2–3 Minuten von jeder Seite braten und vierteln. Restlichen Skyr mit Essig, Salz und Pfeffer verrühren und mit restlichem Rucola und restlichem Apfel vermischen. Quesadilla mit Salat servieren.

Kürbis-Blumenkohl-Bratlinge

Für 4 Personen **Zubereitungszeit 15 Min.** **Garzeit 25 Min.** **Kühlzeit 30 Min.**

1 1 1

110 kcal | 460 kJ

400 g	**Butternutkürbis**
200 g	**Blumenkohlröschen**
	Salz, Pfeffer
4 Zweige	**Thymian**
2 EL	**gehackte Petersilie**
1 TL	**gemahlener Koriander**
1	**rote Paprika**
2	**Tomaten**
2	**Frühlingszwiebeln**
1	**unbehandelte Zitrone**
1 EL	**gehackter Koriander**
40 g	**Rucola**
3 TL	**Rapsöl**

1 Kürbis schälen, halbieren, Kerne mit einem Löffel entfernen und Kürbis fein würfeln. Blumenkohl waschen und mit Kürbis in Salzwasser 10–12 Minuten garen. Thymian waschen, trocken schütteln und hacken. Gemüse zerstampfen und mit Thymian, Petersilie, gemahlenem Koriander, Salz und Pfeffer vermischen. Aus der Masse 12 kleine Bratlinge formen und ca. 30 Minuten kalt stellen.

2 Für die Salsa Paprika waschen, entkernen und fein würfeln. Tomaten waschen und fein würfeln. Frühlingszwiebeln waschen und in feine Ringe schneiden. Zitronenschale abreiben und Zitrone auspressen. Gemüse mit Zitronenschale, -saft und gehacktem Koriander vermischen und mit Salz und Pfeffer abschmecken.

3 Rucola waschen und trocken schleudern. Öl portionsweise in einer Pfanne auf mittlerer bis hoher Stufe erhitzen und Bratlinge darin portionsweise 3–4 Minuten von jeder Seite braten. Kürbis-Blumenkohl-Bratlinge mit Rucola und Salsa servieren.

Couscous-Spinat-Auflauf mit Feigen

Für 4 Personen **Zubereitungszeit 15 Min.** **Garzeit 25 Min.**

5 5 5

231 kcal | 975 kJ

150 g	**trockener Couscous**
300 ml	**Gemüsebrühe (1 1/2 TL Instantpulver)**
2	**Knoblauchzehen**
3	**Feigen**
1 TL	**Rapsöl**
500 g	**Blattspinat (TK)**
	Salz, Pfeffer
1 TL	**Ras el-Hanout**
60 g	**Schafskäse, 25 % Fett i. Tr.**
1 EL	**gehackte Pistazien**

1 Backofen auf 200° C (Gas: Stufe 3, Umluft: 180° C) vorheizen. Couscous nach Packungsanweisung in Brühe garen. Knoblauch pressen. Feigen waschen und würfeln.

2 Öl in einem Topf auf mittlerer Stufe erhitzen, Knoblauch mit Spinat darin 5–7 Minuten andünsten und mit Salz und Pfeffer würzen. Couscous in eine Auflaufform (ca. 20 x 30 cm) füllen, mit Salz, Pfeffer und Ras el-Hanout würzen und Spinat und Feigen unterheben.

3 Schafskäse über den Couscous bröseln und im Backofen auf mittlerer Schiene ca. 20 Minuten backen. Couscous-Spinat-Auflauf mit Pistazien bestreuen und servieren.

Thaicurry mit gebackenem Tofu und Reis

Für 2 Personen **Zubereitungszeit 20 Min.** **Garzeit 35 Min.**

8 5 3

380 kcal | 1587 kJ

50 g	**trockener Naturreis**
	Salz, Pfeffer
200 g	**Tofu**
1 Stück	**Ingwer (ca. 2 cm)**
2 EL	**Sojasauce**
1	**Frühlingszwiebel**
1	**kleine Aubergine**
1	**Baby-Pak-Choi**
150 g	**Zuckererbsenschoten**
1 TL	**Sesamöl**
1 TL	**gelbe Currypaste**
1/2 TL	**Curry**
60 ml	**fettreduzierte Kokosmilch**
150 ml	**vegane Gemüsebrühe (1/2 TL Instantpulver)**

1 Backofen auf 200° C (Gas: Stufe 3, Umluft: 180° C) vorheizen. Reis nach Packungsanweisung in Salzwasser garen. Tofu trocken tupfen und würfeln. Ingwer schälen und reiben. Tofu mit Sojasauce, Ingwer und Pfeffer vermischen, abtropfen lassen und restliche Sojasauce dabei auffangen.

2 Tofu auf einem mit Backpapier ausgelegten Backblech verteilen und im Backofen auf mittlerer Schiene ca. 20 Minuten backen, dabei nach der Hälfte der Garzeit wenden. Frühlingszwiebel waschen und in Ringe schneiden. Aubergine waschen und in Stücke schneiden. Pak Choi waschen und längs in Streifen schneiden. Zuckererbsenschoten waschen und halbieren.

3 Öl in einer Pfanne auf mittlerer bis hoher Stufe erhitzen und Currypaste mit Aubergine und Frühlingszwiebeln darin 3–5 Minuten anbraten. Pak Choi und Zuckererbsenschoten dazugeben, ca. 2 Minuten mitbraten und mit Salz, Pfeffer und Curry würzen. Mit Kokosmilch, Brühe und aufgefangener Sojasauce ablöschen und auf mittlerer Stufe ca. 5 Minuten köcheln lassen. Thaicurry mit Tofu und Reis servieren.

Rote-Bete-Kürbis-Nudeln mit Grünkohl und Feta

Für 4 Personen **Zubereitungszeit 15 Min.** **Garzeit 15 Min.**

3 3 3

229 kcal | 957 kJ

400 g	**Butternut-Kürbis-Spiralen**
400 g	**Rote-Bete-Spiralen**
1	**Zwiebel**
2	**Knoblauchzehen**
500 g	**Grünkohl**
4 TL	**Sonnenblumenkerne**
4 TL	**Olivenöl**
2 EL	**gehackter Thymian**
	Salz, Pfeffer
1 TL	**Zitronensaft**
2 TL	**dunkler Balsamicoessig**
80 g	**Schafskäse, 25 % Fett i. Tr.**

1 Butternut-Kürbis- und Rote-Bete-Spiralen separat in einem Dämpfeinsatz über kochendem Wasser 7–8 Minuten dämpfen. Zwiebel schälen und mit Knoblauch fein würfeln. Grünkohl waschen, trocken schleudern und in Streifen schneiden. Sonnenblumenkerne fettfrei in einer Pfanne auf mittlerer Stufe 2–3 Minuten rösten.

2 1 TL Öl in einer Pfanne auf mittlerer Stufe erhitzen und Zwiebeln darin ca. 5 Minuten andünsten. Knoblauch und Thymian dazugeben und ca. 1 Minute mitdünsten. Grünkohl zufügen, mit Salz und Pfeffer würzen und unter gelegentlichem Rühren 5–6 Minuten garen.

3 Zitronensaft mit 1 TL Öl, Essig, Salz und Pfeffer verrühren und mit Gemüsespiralen vermischen. Grünkohlmischung unterheben, Schafskäse darüber bröseln und mit Sonnenblumenkernen bestreuen. Rote-Bete-Kürbis-Nudeln mit restlichem Öl beträufeln und servieren.

Schon gewusst?

In vielen Supermärkten bekommst du bereits fertige Gemüsespiralen. Du kannst das Gemüse aber auch zuhause mit einem Spiralschneider selbst spiralisieren – z. B. mit dem WW Spiralizer. Erhältlich im WW Studio und auf wwshop.de

Gemüse-Brot-Platte mit Paprika-Bohnen-Dip

Für 2 Personen   Zubereitungszeit 20 Min.   Garzeit 20 Min.

7 5 5

331 kcal | 1386 kJ

- 1 **Rote Bete**
- 3 **Karotten**
- 1 TL **Olivenöl**
- 1 TL **Zatar**
- **Salz, Pfeffer**
- 130 g **weiße Bohnen (Konserve)**
- 2 **rote Paprika in Lake**
- 1 **Knoblauchzehe**
- 1 TL **Tahin (Sesampaste)**
- 1 TL **Zitronensaft**
- 1 EL **gehackter Koriander**
- 2 Stangen **Staudensellerie**
- 10 **Cocktailtomaten**
- 80 g **Fladenbrot**
- 10 **entsteinte grüne Oliven in Lake**

1 Backofen auf 200° C (Gas: Stufe 3, Umluft: 180° C) vorheizen. Rote Bete und Karotten schälen und in breite Stifte schneiden. Gemüse mit Öl, Zatar, Salz und Pfeffer vermischen, auf einem mit Backpapier ausgelegten Backblech verteilen und im Backofen auf mittlerer Schiene ca. 20 Minuten garen.

2 Für den Dip Bohnen abspülen, abtropfen lassen und mit Paprika, Knoblauch, Tahin, Zitronensaft, Koriander, Salz und Pfeffer pürieren. Sellerie waschen und in Stifte schneiden. Tomaten waschen. Fladenbrot rösten und in Scheiben schneiden. Gemüse, Brot, Oliven und Dip auf einem Holzbrett anrichten und servieren.

Kunterbunte Veggiebowl

Für 2 Personen **Zubereitungszeit 20 Min.** **Garzeit 25 Min.**

5 3 3

285 kcal | 1192 kJ

250 g	**Blumenkohlröschen**
250 g	**Butternutkürbis**
200 g	**Karotten**
4 EL	**Kichererbsen (Konserve)**
1 EL	**Olivenöl**
1/2 TL	**Paprikapulver**
1 Msp.	**geriebene Muskatnuss**
	Salz, Pfeffer
100 g	**Rote Bete**
1 Handvoll	**Baby-Blattspinat**
2 EL	**Salatcreme, bis 10 % Fett**
3 EL	**Magermilchjoghurt**
2 TL	**Apfelessig**
1 Prise	**Zucker**

1 Backofen auf 200° C (Gas: Stufe 3, Umluft: 180° C) vorheizen. Blumenkohl waschen. Kürbis waschen, halbieren, Kerne mit einem Löffel entfernen und Kürbis in breite Spalten schneiden. Karotten schälen und in Stifte schneiden. Kichererbsen abspülen und abtropfen lassen.

2 Gemüse mit Öl vermischen und nebeneinander auf einem mit Backpapier ausgelegten Backblech legen. Gemüse und Kichererbsen mit Salz und Pfeffer würzen, Kichererbsen mit Paprikapulver würzen und Kürbis mit Muskatnuss würzen. Gemüse und Kichererbsen im Backofen auf mittlerer Schiene ca. 25 Minuten backen.

3 Rote Bete schälen und in feine Stifte schneiden oder raspeln. Spinat waschen und trocken schleudern. Für das Dressing Salatcreme mit Joghurt, Essig, Zucker, Salz und Pfeffer verrühren. Gemüse nebeneinander in einer Schale anrichten, mit Dressing beträufeln und Veggiebowl servieren.

Danielas Lieblingsrezept:

Ein super leckeres Rezept – ich habe das Dressing noch mit zusätzlichem Magermilchjoghurt, Gurkenraspeln und gemischten Kräutern ergänzt. Leicht, lecker, eins meiner Favoriten.

Linsen-Pilz-Lasagne mit Spinat

Für 4 Personen **Zubereitungszeit 25 Min.** **Garzeit 60 Min.**

6 5 2

284 kcal | 1188 kJ

500 g **braune Champignons**
400 g **Blattspinat**
1 TL **Olivenöl**
1 **Knoblauchzehe**
1 TL **getrockneter Thymian**
1 1/2 TL **getrockneter Oregano**
30 g **Mehl**
350 ml **Gemüsebrühe (1 1/2 TL Instantpulver)**
Salz, Pfeffer
350 g **Magerquark**
60 g **geriebener Käse, 30 % Fett i. Tr.**
1 Msp. **geriebene Muskatnuss**
6 **WW Yellow Lentil Lasagneblätter**

1 Champignons trocken abreiben und in Scheiben schneiden. Spinat waschen und trocken schleudern. Öl in einer Pfanne auf mittlerer Stufe erhitzen und Champignons darin 5–8 Minuten rundherum anbraten. Knoblauch dazupressen, Thymian und 1 TL Oregano dazugeben und ca. 1 Minute mitbraten.

2 Champignons mit Mehl bestäuben und ca. 1 Minute anschwitzen. Brühe nach und nach angießen, aufkochen, Spinat portionsweise dazugeben und unter Rühren zusammenfallen lassen. Gemüse auf niedriger Stufe ca. 2 Minuten köcheln lassen und mit Salz und Pfeffer würzen.

3 Backofen auf 200° C (Gas: Stufe 3, Umluft: 180° C) vorheizen. Quark mit 40 g Käse, Muskatnuss, Salz und Pfeffer verrühren. Die Hälfte der Spinatmischung in einer Auflaufform (ca. 15 x 20 cm) verteilen, 3 Lasagneblätter und die Hälfte der Quarkmischung daraufgeben und mit restlicher Spinatmischung und restlichen Lasagneblättern wiederholen.

4 Restliche Quarkmischung mit 2 EL Wasser verrühren und auf den Lasagneblättern verstreichen. Lasagne mit restlichem Käse bestreuen und im Backofen auf mittlerer Schiene 40–45 Minuten backen. Linsen-Pilz-Lasagne mit restlichem Oregano bestreut servieren.

Bohnen-Pilz-Bällchen mit Salat

Für 4 Personen **Zubereitungszeit 20 Min.** **Garzeit 15 Min.**

7 3 3

284 kcal | 1186 kJ

200 g	**Champignons**
1	**rote Zwiebel**
1 Dose	**Kidneybohnen (255 g Abtropfgewicht)**
1 Dose	**weiße Bohnen (255 g Abtropfgewicht)**
4 EL	**Paniermehl**
2 EL	**gehackte Petersilie**
1 TL	**Paprikapulver**
	Salz, Pfeffer
1 EL	**Olivenöl**
1	**Römersalatherz**
1/2	**Salatgurke**
2	**Tomaten**
1 Becher	**WW Zitronen Joghurt Dressing**
4 TL	**körniger Senf**

1 Champignons trocken abreiben und fein würfeln. Zwiebel schälen und fein würfeln. Eine Pfanne auf mittlerer bis hoher Stufe erhitzen und Champignons mit Zwiebeln darin fettfrei 4–5 Minuten braten. Bohnen abspülen und abtropfen lassen.

2 Pilze und Zwiebeln mit Bohnen, Paniermehl, Petersilie, Paprikapulver, Salz und Pfeffer pürieren und aus der Masse mit feuchten Händen 16 kleine Bällchen formen. Öl im Bratensatz erhitzen und Bällchen darin 7–10 Minuten rundherum braten.

3 Salat waschen, trocken schleudern und in Streifen schneiden. Gurke waschen und in Scheiben schneiden. Tomaten waschen und in Spalten schneiden. Salat mit Gurken, Tomaten und Dressing vermischen und mit Bohnen-Pilz-Bällchen und Senf servieren.

Erfrischender Geschmack

Entdecke das herrliche Joghurt Dressing mit feinem Zitronenaroma – ohne künstliche Aromen, Farbstoffe, Süßungs- und Konservierungsmittel. Der ideale Begleiter für alle Arten von Blattsalaten. Erhältlich im Supermarkt und auf wwshop.de.

Suppen & Salate

Kürbissuppe mit Kräuterpesto

Für 4 Personen Zubereitungszeit 15 Min. Garzeit 20 Min.

1 1 1

101 kcal | 424 kJ

1	**Zwiebel**
2	**Karotten**
700 g	**Butternutkürbis**
1 TL	**Olivenöl**
800 ml	**vegane Gemüsebrühe (4 TL Instantpulver)**
1 TL	**Paprikapulver**
1 TL	**Kreuzkümmel**
	Salz, Pfeffer
1 EL	**Pinienkerne**
je 4 Stängel	**Petersilie, Dill und Basilikum**
1	**Knoblauchzehe**

1 Zwiebel und Karotten schälen und in Stücke schneiden. Kürbis waschen, halbieren, Kerne mit einem Löffel entfernen und Kürbis würfeln.

2 Öl in einem großen Topf auf mittlerer Stufe erhitzen und Gemüse darin ca. 5 Minuten anbraten. Gemüse mit 750 ml Brühe ablöschen, mit Paprikapulver, Kreuzkümmel, Salz und Pfeffer würzen und mit Deckel ca. 15 Minuten köcheln lassen.

3 Pinienkerne fettfrei in einer Pfanne auf mittlerer Stufe 2–3 Minuten rösten. Kräuter waschen, trocken schütteln und grob hacken. Pinienkerne, Kräuter, Knoblauch und restliche Brühe pürieren und mit Salz und Pfeffer abschmecken. Kürbissuppe pürieren und mit Kräuterpesto garniert servieren.

Pfirsich-Avocado-Tomatensalat

Für 4 Personen **Zubereitungszeit 15 Min.**

3 3 3

134 kcal | 562 kJ

- 3 **Pfirsiche**
- 4 **Tomaten**
- 1 **rote Zwiebel**
- 75 g **Avocado**
- 30 g **glatte Petersilie**
- 30 g **Koriander**
- 2 EL **Orangensaft**
- 2 TL **Olivenöl**
- 2 TL **Limettensaft**
- 1 TL **Honig**
- **Salz, Pfeffer**
- 1 Prise **Cayennepfeffer**

1 Pfirsiche waschen, halbieren, die Steine entfernen und Pfirsiche in Spalten schneiden. Tomaten waschen und in Spalten schneiden. Zwiebel schälen und in feine Streifen schneiden. Avocado halbieren, Stein entfernen, Fruchtfleisch aus der Schale lösen und in Würfel schneiden.

2 Für das Dressing Petersilie mit Koriander waschen, trocken schütteln und mit Orangensaft, Öl, Limettensaft, Honig, Salz, Pfeffer und Cayennepfeffer pürieren. Pfirsiche, Tomaten und Avocado mit Dressing beträufeln und Salat servieren.

Frische Gartengemüsesuppe

Für 4 Personen **Zubereitungszeit 20 Min.** **Garzeit 10 Min.**

2 2 2

127 kcal | 531 kJ

1	**Karotte**
1 Stange	**Staudensellerie**
1	**Fenchelknolle**
1	**Zwiebel**
1	**Knoblauchzehe**
125 g	**Cocktailtomaten**
125 g	**Zuckererbsenschoten**
125 g	**grüner Spargel**
1	**kleine unbehandelte Zitrone**
2 TL	**Olivenöl**
1 Liter	**Gemüsebrühe (4 1/2 TL Instantpulver)**
	Salz, Pfeffer
40 g	**geriebener Parmesan**
1 EL	**gehackter Dill**

1 Karotte schälen und in Scheiben schneiden. Sellerie waschen und in Scheiben schneiden. Fenchel waschen, Strunk entfernen und Fenchel in feine Streifen schneiden. Zwiebel schälen und mit Knoblauch fein würfeln. Tomaten mit Zuckererbsenschoten waschen und halbieren. Spargel waschen, das untere Drittel schälen und Spargel in Stücke schneiden. Zitronenschale abreiben und Zitrone auspressen.

2 Öl in einem Topf auf mittlerer bis hoher Stufe erhitzen und Karotte mit Sellerie, Fenchel, Zwiebeln und Knoblauch darin ca. 8 Minuten rundherum anbraten. Mit Brühe ablöschen, Tomaten dazugeben, mit Salz und Pfeffer würzen und aufkochen.

3 Spargel und Zuckererbsenschoten dazugeben und auf niedriger Stufe ca. 2 Minuten mitgaren. Suppe mit Zitronenschale und -saft verfeinern und mit Parmesan und Dill bestreuen. Gartengemüsesuppe servieren.

Grüner Salat mit Popcorn

Für 2 Personen Zubereitungszeit 15 Min. Garzeit 5 Min.

6 3 3

240 kcal | 1004 kJ

- 1 **großes Römersalatherz**
- 1/2 **Salatgurke**
- 1 Dose **Mais (140 g Abtropfgewicht)**
- 120 g **Magermilchjoghurt**
- 2 EL **geriebener Parmesan**
- 1 TL **Limettensaft**
- 1 TL **italienische Kräuter (TK)**
- **Salz, Pfeffer**
- 1 TL **Olivenöl**
- 1/2 TL **Chilipulver**
- 1 Tüte **WW Sweet Popcorn**

1 Salat waschen, trocken schleudern und in mundgerechte Stücke zerteilen. Gurke waschen und würfeln. Mais abgießen. Für das Dressing Joghurt mit Parmesan, Limettensaft und Kräutern verrühren und mit Salz und Pfeffer abschmecken.

2 Öl in einer Pfanne auf mittlerer Stufe erhitzen, Mais darin 2–3 Minuten anbraten und mit Salz und Chilipulver würzen. Salat mit Gurke und Dressing vermischen und mit Chilimais und Popcorn bestreuen. Salat servieren.

Danielas Tipp:

Das Gericht vereint knackige, cremige und knusprige Zutaten und ist mal etwas anderes – coole Idee und einfach lecker. Das Popcorn erst kurz vor dem Servieren über den Salat streuen, damit es lange knackig bleibt.

Knuspriger Genuss

Lecker gesüßt und bei jedem Bissen unwiderstehlich knusprig, kannst du einen ganzen Beutel ohne schlechtes Gewissen naschen. Erhältlich im WW Studio und auf wwshop.de.

Gemüse-Gazpacho mit Avocado

Für 4 Personen   Zubereitungszeit 15 Min.   Kühlzeit 2 Std.

3 3 3

144 kcal | 601 kJ

2	**große Tomaten**
1	**rote Paprika**
1/2	**Salatgurke**
1	**rote Zwiebel**
30 g	**Koriander**
1/2	**rote Chilischote**
2	**Knoblauchzehen**
2 EL	**heller Balsamicoessig**
2 TL	**Olivenöl**
1 EL	**Limettensaft**
500 ml	**Tomatensaft**
	Salz, grober Pfeffer
80 g	**Avocado**

1 Tomaten waschen und in Stücke schneiden. Paprika waschen, entkernen und in Stücke schneiden. Gurke schälen, längs halbieren, Kerne mit einem Löffel entfernen und Gurke in Stücke schneiden. Zwiebel schälen und würfeln. Koriander waschen, trocken schütteln und grob hacken. Chilischote waschen, entkernen und würfeln.

2 Tomaten mit Paprika, Gurke, Zwiebel, Koriander, Chili, Knoblauch, Essig, Öl, Limettensaft und Tomatensaft grob pürieren und mit Salz und Pfeffer abschmecken. Gazpacho ca. 2 Stunden kalt stellen. Avocado halbieren, Stein entfernen, Fruchtfleisch aus der Schale lösen und in Würfel schneiden. Gemüse-Gazpacho mit Avocado toppen und servieren.

Rotkohl-Garnelen-Salat mit Erdnussdressing

Für 4 Personen **Zubereitungszeit 25 Min.** **Garzeit 10 Min.**

3 2 2

213 kcal | 891 kJ

1/2	**Rotkohl (ca. 350 g)**
	Salz, Pfeffer
1	**Pak Choi**
1	**Salatgurke**
2	**Frühlingszwiebeln**
1	**Limette**
1	**kleine rote Chilischote**
1	**Knoblauchzehe**
1 EL	**geröstete Erdnüsse**
2 EL	**Sojasauce**
5 Tropfen	**Fischsauce**
1 TL	**brauner Zucker**
2 TL	**Erdnussöl**
400 g	**küchenfertige Garnelen**
1 EL	**Mehl**

1 Rotkohl putzen, halbieren, den Strunk entfernen und Kohl in feine Streifen schneiden. Rotkohl mit 1 TL Salz verkneten und ca. 15 Minuten ziehen lassen. Pak Choi waschen und längs in Streifen schneiden. Gurke waschen und in dünne Scheiben schneiden. Frühlingszwiebeln waschen und schräg in Ringe schneiden.

2 Limette auspressen. Chilischote waschen, entkernen und in Stücke schneiden. Für das Dressing Knoblauch mit Chili und Erdnüssen in einen Mörser geben, zerdrücken und mit 1 EL Limettensaft, Sojasauce, Fischsauce und Zucker verrühren. Dressing mit Salz und Pfeffer abschmecken.

3 1 TL Öl in einer Pfanne auf mittlerer Stufe erhitzen, Pak Choi darin ca. 2 Minuten dünsten, mit Salz und Pfeffer würzen und herausnehmen. Garnelen abspülen, trocken tupfen und in Mehl wenden. Restliches Öl im Bratensatz erhitzen und Garnelen darin ca. 5 Minuten rundherum braten. Garnelen mit restlichem Limettensaft ablöschen und mit Salz und Pfeffer würzen.

4 Rotkohl mit Gurken, Pak Choi und Dressing vermischen, Garnelen daraufgeben und mit Frühlingszwiebeln bestreuen. Rotkohl-Garnelen-Salat servieren.

Pikante Zucchinisuppe

Für 4 Personen **Zubereitungszeit 15 Min.** **Garzeit 30 Min.**

1 0 0

75 kcal | 314 kJ

2	**Zucchini**
4	**Frühlingszwiebeln**
2	**Knoblauchzehen**
1 Stück	**Ingwer (ca. 2 cm)**
1 TL	**Olivenöl**
1/2 EL	**Curry**
800 ml	**Gemüsebrühe (4 TL Instantpulver)**
50 g	**Baby-Blattspinat**
1	**unbehandelte Zitrone**
4 EL	**gehackter Koriander**
1 TL	**Kreuzkümmelsamen**
80 g	**griechischer Joghurt, Natur, bis 0,2 % Fett**

1 Zucchini waschen und in Stücke schneiden. Frühlingszwiebeln waschen und in Ringe schneiden. Knoblauch hacken. Ingwer schälen und reiben. Öl in einem Topf auf mittlerer Stufe erhitzen und Zucchini mit Frühlingszwiebeln und Knoblauch darin ca. 5 Minuten anbraten. Ingwer und Curry dazugeben, ca. 2 Minuten mitbraten, mit Brühe ablöschen, aufkochen und auf niedriger Stufe 15–20 Minuten köcheln lassen.

2 Spinat waschen und trocken schleudern. Zitronenschale abreiben und Zitrone auspressen. Spinat und 2 EL Koriander zur Suppe geben und ca. 2 Minuten mitgaren. Suppe mit Zitronenschale und -saft verfeinern, mit Salz und Pfeffer würzen und Suppe pürieren.

3 Kreuzkümmelsamen fettfrei in einer Pfanne auf mittlerer Stufe 2–3 Minuten rösten und zerstoßen. Zucchinisuppe mit Joghurt, restlichem Koriander und Kreuzkümmelsamen garnieren und servieren.

Gut kombiniert

Dazu passt 50 g Naanbrot pro Person. Der SmartPoints Wert erhöht sich auf 4 in jedem Plan.

Linsen-Hähnchen-Salat mit Mozzarella

Für 4 Personen **Zubereitungszeit 20 Min.** **Garzeit 30 Min.** **Kühlzeit 10 Min.**

6 2 2

374 kcal | 1563 kJ

140 g	**trockene Beluga-Linsen**
2	**große Karotten**
2 Stangen	**Staudensellerie**
50 g	**Rucola**
125 g	**fettreduzierte Mozzarella-Minis**
1	**Orange**
2 TL	**Senf**
2 EL	**heller Balsamicoessig**
	Salz, Pfeffer
4	**Hähnchenbrustfilets (à 120 g)**
2 TL	**Olivenöl**
1 TL	**getrockneter Oregano**

1 Linsen nach Packungsanweisung in Wasser garen und ca. 10 Minuten abkühlen lassen. Karotten schälen und in feine Stifte schneiden. Sellerie waschen und in Scheiben schneiden. Rucola waschen und trocken schleudern. Mozzarella trocken tupfen. Für das Dressing Orange auspressen, mit Senf und Essig verrühren und mit Salz und Pfeffer abschmecken.

2 Hähnchen trocken tupfen. Öl in einer Pfanne auf mittlerer Stufe erhitzen, Hähnchen darin 4–5 Minuten von jeder Seite braten, mit Salz und Pfeffer würzen und mit Oregano verfeinern. Linsen mit Dressing, Karotten, Sellerie, Rucola und Mozzarella vermischen. Hähnchen in Tranchen schneiden, auf dem Salat anrichten und servieren.

Danielas Lieblingsrezept:

Ein tolles Mittagessen fürs Büro, da es schnell und einfach zubereitet ist. Das Dressing werde ich zukünftig auch für andere Salate verwenden.

Rote-Bete-Kartoffel-Suppe

Für 2 Personen **Zubereitungszeit 20 Min.** **Garzeit 35 Min.**

5 5 2

305 kcal | 1277 kJ

- 1 **Zwiebel**
- 350 g **mehligkochende Kartoffeln**
- 350 g **Rote Bete**
- 200 g **Karotten**
- 1 TL **Olivenöl**
- 500 ml **Gemüsebrühe (2 TL Instantpulver)**
- **Salz, Pfeffer**
- 1/2 TL **getrockneter Rosmarin**
- 2 EL **dunkler Balsamicoessig**
- 1 TL **Tafelmeerrettich**
- 2 EL **Crème légère**

1 Zwiebel, Kartoffeln und Rote Bete schälen und in kleine Würfel schneiden. Karotten schälen und in Scheiben schneiden.

2 Öl in einem Topf auf mittlerer Stufe erhitzen und Zwiebeln mit Roten Beten und Karotten darin ca. 5 Minuten anbraten. Kartoffeln dazugeben, mit Brühe ablöschen, mit Salz und Pfeffer würzen und mit Deckel 25–30 Minuten köcheln lassen.

3 Suppe mit Rosmarin, Essig und Meerrettich verfeinern und mit Salz und Pfeffer abschmecken. Rote-Bete-Kartoffel-Suppe mit Crème légère garniert servieren.

Grillgemüsesalat mit Tahindip

Für 2 Personen **Zubereitungszeit 15 Min.** **Garzeit 20 Min.**

4 4 4

187 kcal | 782 kJ

1	**kleine Aubergine**
1	**keine Zucchini**
je 1/2	**gelbe und grüne Paprika**
1	**rote Zwiebel**
1	**Knoblauchzehe**
3 TL	**Olivenöl**
	Salz, Pfeffer
1 TL	**Paprikapulver**
2 TL	**Tahin (Sesampaste)**
60 g	**Frischkäse, bis 5 % Fett absolut**
2 EL	**Wasser**
1 EL	**Limettensaft**
1 Msp.	**Kreuzkümmel**

1 Aubergine und Zucchini waschen und längs in dünne Scheiben schneiden. Paprika waschen, entkernen und in breite Streifen schneiden. Zwiebel schälen und in Spalten schneiden. Knoblauch pressen und mit 2 TL Öl, Salz, Pfeffer, Paprikapulver und Gemüse vermischen.

2 Eine Grillpfanne auf mittlerer bis hoher Stufe erhitzen und Gemüse darin portionsweise 3–5 Minuten von jeder Seite grillen. Für das Dressing Tahin mit Frischkäse, Wasser, Limettensaft und restlichem Öl verrühren und mit Salz, Pfeffer und Kreuzkümmel würzen. Grillgemüsesalat mit Tahindip servieren.

Küchentipp

Halte dein fertig gegrilltes Gemüse im Backofen warm, während du den Rest grillst.

Karotten-Pastinaken-Suppe mit Curry

Für 4 Personen **Zubereitungszeit 15 Min.** **Garzeit 50 Min.**

2 0 0

102 kcal | 428 kJ

1 **Zwiebel**
2 Stangen **Staudensellerie**
1 **Knoblauchzehe**
300 g **Pastinaken**
300 g **Karotten**
1 TL **Olivenöl**
1/2 EL **Curry**
1/2 TL **gemahlener Ingwer**
1 Liter **vegane Gemüsebrühe (4 1/2 TL Instantpulver)**
Salz, grober Pfeffer
2 EL **gehackter Koriander**
1 **Zitrone**

1 Zwiebel schälen und würfeln. Sellerie waschen und in Scheiben schneiden. Knoblauch pressen. Pastinaken mit Karotten schälen und in Stücke schneiden. Öl in einem Topf auf mittlerer Stufe erhitzen und Zwiebeln mit Sellerie und Knoblauch darin 6–8 Minuten rundherum anbraten. Mit Curry und Ingwer verfeinern und ca. 1 Minute mitbraten.

2 Pastinaken und Karotten dazugeben, mit Brühe ablöschen, mit Salz und Pfeffer würzen, aufkochen und auf niedriger Stufe ca. 40 Minuten köcheln lassen. 1 EL Koriander dazugeben und Suppe pürieren. Zitrone in Spalten schneiden. Karotten-Pastinaken-Suppe mit restlichem Koriander bestreuen, mit Pfeffer verfeinern und mit Zitronenspalten servieren.

Türkischer Kartoffelsalat mit Sucuk

Für 4 Personen **Zubereitungszeit 20 Min.** **Garzeit 15 Min.**

5 5 3

214 kcal | 897 kJ

500 g	**festkochende Kartoffeln**
	Salz, Pfeffer
300 g	**Spitzpaprika**
300 g	**Cocktailtomaten**
80 g	**Sucuk**
1/4 Bund	**Petersilie**
100 ml	**heiße Gemüsebrühe (1/2 TL Instantpulver)**
2 TL	**Senf**
2 EL	**Weißweinessig**
1 TL	**Sumach (alternativ Paprikapulver)**

1 Kartoffeln schälen, in Scheiben schneiden und in Salzwasser ca. 10 Minuten garen. Paprika waschen, entkernen und in Ringe schneiden. Tomaten waschen und halbieren. Sucuk in dünne Scheiben schneiden. Petersilie waschen, trocken schütteln und hacken.

2 Kartoffeln abgießen. Brühe mit Senf und Essig verrühren, mit Kartoffeln vermischen und ca. 5 Minuten ziehen lassen. Eine Pfanne auf mittlerer Stufe erhitzen und Sucuk darin fettfrei 3–5 Minuten rundherum braten. Paprika dazugeben, ca. 2 Minuten mitbraten und mit Tomaten samt Bratensatz zu den Kartoffeln geben. Kartoffelsalat mit Salz und Pfeffer abschmecken, mit Petersilie verfeinern und mit Sumach bestreut servieren.

Wärmender Kohleintopf

Für 6 Personen **Zubereitungszeit 20 Min.** **Garzeit 30 Min.**

3 3 3

184 kcal | 769 kJ

1 Stange	**Lauch**
1	**kleiner Rotkohl (ca. 700 g)**
1/2	**Wirsing (ca. 500 g)**
1 TL	**Olivenöl**
1,6 Liter	**vegane Gemüsebrühe (7 TL Instantpulver)**
2 TL	**Senf**
	Salz, Pfeffer
180 g	**trockene Graupen**
3 EL	**gehackte Petersilie**
1/2 TL	**abgeriebene unbehandelte Zitronenschale**

1 Lauch waschen und in Ringe schneiden. Rotkohl mit Wirsing putzen, halbieren, Strunk entfernen und Rotkohl mit Wirsing in feine Streifen schneiden.

2 Öl in einem großen Topf auf mittlerer Stufe erhitzen und Lauch darin ca. 3 Minuten andünsten. Rotkohl und Wirsing dazugeben und ca. 5 Minuten mitdünsten. Brühe mit Senf verrühren, Kohl damit ablöschen und mit Salz und Pfeffer würzen.

3 Graupen abspülen, mit Petersilie zur Suppe geben und mit Deckel ca. 20 Minuten köcheln lassen. Kohleintopf mit Salz und Pfeffer abschmecken und mit Zitronenschale garniert servieren.

Gut getoppt

Wenn du magst, kannst du deinen Eintopf mit 60 g Schmand toppen. Der SmartPoints Wert erhöht sich in jedem Plan um 1 pro Person.

Linsen-Taboulé mit Ei

Für 4 Personen **Zubereitungszeit 15 Min.** **Garzeit 5 Min.**

8 1 1

338 kcal | 1414 kJ

- 6 **Eier (Größe M)**
- 4 **Tomaten**
- 1 **rote Zwiebel**
- 1/2 Bund **Petersilie**
- 1/2 Bund **Minze**
- 2 Dosen **Linsen (à 265 g Abtropfgewicht)**
- 1 **Zitrone**
- 1 **Knoblauchzehe**
- 2 TL **Olivenöl**
- 1 TL **Dijonsenf**
- 1 TL **Kreuzkümmel**
- **Salz, Pfeffer**
- 50 g **Schafskäse, 25 % Fett i. Tr.**

1 Eier in kochendem Wasser ca. 5 Minuten weich kochen, abschrecken, pellen und quer halbieren. Tomaten waschen und würfeln. Zwiebel schälen und in Streifen schneiden. Petersilie mit Minze waschen, trocken schütteln und hacken. Linsen abspülen und abtropfen lassen.

2 Zitrone halbieren, 1 Zitronenhälfte auspressen und restliche Zitronenhälfte in Spalten schneiden. Knoblauch fein hacken und mit Zitronensaft, Öl, Senf, Kreuzkümmel, Salz und Pfeffer verrühren. Linsen unterrühren und mit Tomaten, Zwiebeln, Petersilie und Minze vermischen.

3 Salat auf einer Platte anrichten, Eier daraufgeben und Schafskäse darüber bröseln. Linsen-Taboulé mit Zitronenspalten servieren.

Lust auf eine Beilage?

Dazu passt arabisches Pitabrot.

Loaded Tomaten-Paprika-Suppe

Für 4 Personen Zubereitungszeit 10 Min. Garzeit 20 Min.

2 1 1

135 kcal | 563 kJ

- 1 **Zwiebel**
- 1 **Knoblauchzehe**
- 3 **geröstete Paprika in Lake**
- 1 TL **Olivenöl**
- 800 g **stückige Tomaten (Konserve)**
- 200 ml **Wasser**
- **Salz, Pfeffer**
- 1/2 TL **Cayennepfeffer**
- 1 **grüne Paprika**
- 4 EL **Mais (Konserve)**
- 8 **Tortillachips**
- 12 **Jalapeñoringe in Lake**
- 2 EL **geriebener Käse, 30 % Fett i. Tr.**
- 2 EL **gehackter Koriander**

1 Zwiebel schälen und mit Knoblauch würfeln. Geröstete Paprika in Stücke schneiden. Öl in einem Topf auf mittlerer Stufe erhitzen und Zwiebeln mit Knoblauch und Paprika darin 3–5 Minuten anbraten. Mit Tomaten und Wasser ablöschen, mit Salz, Pfeffer und Cayennepfeffer würzen und mit Deckel ca. 15 Minuten köcheln lassen.

2 Paprika waschen, entkernen und würfeln. Mais abgießen. Tortillachips grob zerbröseln. Suppe pürieren, mit Salz und Pfeffer abschmecken und mit Paprika, Mais, Jalapeñoringen, Käse, Koriander und Tortillachips garnieren. Loaded Tomaten-Paprika-Suppe servieren.

Orientalische Salatplatte mit Röstaubergine

Für 2 Personen **Zubereitungszeit 20 Min.** **Garzeit 30 Min.**

5 5 5

268 kcal | 1123 kJ

2	**kleine Auberginen**
4 TL	**Olivenöl**
1 EL	**Zitronensaft**
	Salz, Pfeffer
2 TL	**Zatar**
1	**kleiner Kopfsalat**
200 g	**Tomaten**
1	**rote Zwiebel**
6 Stängel	**glatte Petersilie**
1/2	**Granatapfel**
2 EL	**dunkler Balsamicoessig**
2 TL	**Granatapfelmelasse**
1 EL	**gehackte Pistazien**

1 Backofen auf 200° C (Gas: Stufe 3, Umluft: 180° C) vorheizen. Auberginen waschen, längs in dünne Scheiben schneiden und auf einem mit Backpapier ausgelegten Backblech verteilen. 2 TL Öl mit Zitronensaft, Salz, Pfeffer und Zatar verrühren, Auberginen damit von jeder Seite bepinseln und im Backofen auf mittlerer Schiene 25–30 Minuten garen, dabei nach der Hälfte der Garzeit wenden.

2 Salat waschen, trocken schleudern und in mundgerechte Stücke zerteilen. Tomaten waschen und in Stücke schneiden. Zwiebel schälen und in feine Streifen schneiden. Petersilie waschen, trocken schütteln und hacken. Granatapfel halbieren und Kerne herauslösen.

3 Für das Dressing restliches Öl mit Essig und Granatapfelmelasse verrühren, mit Salat vermischen und mit Salz und Pfeffer würzen. Salat mit Tomaten, Petersilie, Granatapfelkernen und Auberginen vermischen und mit Pistazien bestreuen. Orientalische Salatplatte servieren.

Danielas Tipp:

Ein toller, besonderer Salat, den es bei uns definitiv noch häufiger geben wird. Dazu passt noch ein Klecks selbstgemachter Hummus.

Linsen-Tomaten-Suppe mit Kokos

Für 2 Personen **Zubereitungszeit 10 Min.** **Garzeit 15 Min.**

6 3 3

253 kcal | 1061 kJ

1	**Zwiebel**
1 Dose	**Linsen (265 g Abtropfgewicht)**
1 TL	**Olivenöl**
1 TL	**Fenchelsamen**
1 TL	**Tomatenmark**
400 g	**stückige Tomaten (Konserve)**
80 ml	**Kokosmilch**
100 ml	**Wasser**
	Salz, Pfeffer
2 EL	**gehackte Petersilie**

1 Zwiebel schälen und fein würfeln. Linsen abspülen und abtropfen lassen. Öl in einem Topf auf mittlerer bis hoher Stufe erhitzen und Fenchelsamen darin 1–2 Minuten andünsten. Zwiebeln dazugeben und ca. 2 Minuten mitdünsten.

2 Tomatenmark einrühren und ca. 1 Minute mitdünsten. Linsen dazugeben, mit Tomaten, Kokosmilch und Wasser ablöschen und auf mittlerer Stufe ca. 10 Minuten köcheln lassen. Linsen-Tomaten-Suppe mit Salz und Pfeffer abschmecken und mit Petersilie bestreut servieren.

Danielas Tipp:

Ich bin ein großer Kokosfan. Wenn es deine Punkte zulassen, solltest du etwas mehr Kokosmilch verwenden, dafür etwas Wasser weglassen. Das macht die Suppe noch cremiger. Die Fenchelsamen schmecken sehr intensiv und die Konsistenz der Suppe ist super. Noch leckerer wird's mit ein paar Kokosflocken on top.

Gegrillter Caesarsalat mit Tomaten

Für 4 Personen **Zubereitungszeit 15 Min.** **Garzeit 10 Min.**

4 4 4

239 kcal | 1002 kJ

1	**Knoblauchzehe**
2	**Sardellen in Salzlake**
3 EL	**geriebener Parmesan**
2 EL	**Salatcreme, bis 10 % Fett**
1 EL	**Zitronensaft**
1 EL	**heller Balsamicoessig**
1 TL	**Worcestersauce**
1 TL	**Senf**
1 TL	**Honig**
	Salz, Pfeffer
500 g	**bunte Cocktailtomaten**
100 g	**Weißbrot**
4	**Römersalatherzen**
2 TL	**Olivenöl**

1 Für das Dressing Knoblauch mit Sardellen, Parmesan, Salatcreme, Zitronensaft, Essig, Worcestersauce, Senf und Honig pürieren und mit Pfeffer abschmecken.

2 Tomaten waschen und halbieren. Weißbrot rösten und würfeln. Salat waschen, längs halbieren und trocken tupfen.

3 Öl portionsweise in einer Grillpfanne auf mittlerer bis hoher Stufe erhitzen, Salat darin portionsweise ca. 5 Minuten rundherum grillen und mit Salz und Pfeffer würzen. Gegrillten Caesarsalat mit Tomaten, Weißbrot und Dressing vermischen und servieren.

Süßes & Snacks

Heidelbeer-Zitronen-Kuchen

Für 16 Stücke   Zubereitungszeit 20 Min.   Garzeit 50 Min.   Kühlzeit 30 Min.

5 5 5

140 kcal | 587 kJ

- 1 **unbehandelte Zitrone**
- 180 g **Halbfettmargarine**
- 100 g **Zucker**
- 3 **Eier (Größe M)**
- 200 g **Mehl**
- 1 TL **Backpulver**
- 1 Prise **Salz**
- 125 g **Heidelbeeren**
- 40 g **Puderzucker**

1 Backofen auf 180° C (Gas: Stufe 2, Umluft: 160° C) vorheizen. Zitronenschale abreiben und Zitrone auspressen. 170 g Margarine mit Zucker schaumig schlagen und Eier nacheinander unterrühren. Mehl, Backpulver und Salz vermischen und mit Eimischung verrühren.

2 Heidelbeeren waschen, trocken tupfen und mit der Hälfte der Zitronenschale und 2 EL Zitronensaft unter den Teig heben. Eine Kastenform (Länge 30 cm) mit restlicher Margarine fetten, Teig hineinfüllen und im Backofen auf mittlerer Schiene 45–50 Minuten backen.

3 Kuchen ca. 30 Minuten abkühlen lassen. Für den Guss Puderzucker mit restlichem Zitronensaft verrühren, Kuchen damit beträufeln und restliche Zitronenschale darüber streuen. Heidelbeer-Zitronen-Kuchen in 16 Stücke schneiden und servieren.

Summerrolls mit Erdnussdip

Für 8 Stück **Zubereitungszeit 20 Min.** **Garzeit 5 Min.** **Kühlzeit 15 Min.**

3 3 3

113 kcal | 473 kJ

75 g	**trockene Reisnudeln**
	Salz, Pfeffer
1	**Karotte**
1	**Mini-Gurke**
1	**kleine gelbe Paprika**
2	**Frühlingszwiebeln**
1 Handvoll	**Koriander**
1	**kleine rote Chilischote**
1/2	**Limette**
2 EL	**Erdnusscreme**
1 EL	**Wasser**
1 EL	**Sojasauce**
2 TL	**Agavendicksaft**
1 EL	**Rapsöl**
2 TL	**Reisessig**
8 Blätter	**Reispapier**

1 Nudeln nach Packungsanweisung in Salzwasser garen, abgießen und ca. 15 Minuten abkühlen lassen. Karotte schälen und in feine Stifte schneiden. Gurke waschen und in feine Stifte schneiden. Paprika waschen, entkernen und in feine Streifen schneiden. Frühlingszwiebeln waschen und längs in Streifen schneiden. Koriander waschen, trocken schütteln und Blätter abzupfen. Chilischote waschen, entkernen und fein hacken.

2 Für den Dip Limettenhälfte auspressen und 1 EL Limettensaft mit der Hälfte der Chili, Erdnusscreme, Wasser, Sojasauce, Agavendicksaft und Pfeffer verrühren. Restliche Chili mit restlichem Limettensaft, Öl und Essig verrühren.

3 Reispapier nach Packungsanweisung einweichen, mittig mit Nudeln, Gemüse und Koriander belegen und mit Chili-Öl-Mischung beträufeln. Reispapier aufrollen und dabei die Ränder einschlagen. Summerrolls mit Erdnussdip servieren.

Schokomops mit Dalgona-Kaffee-Creme

Für 1 Person **Zubereitungszeit 10 Min.** **Garzeit 5 Min.**

7 4 4

304 kcal | 1274 kJ

1	**kleine reife Banane**
1	**Ei (Größe M)**
4 TL	**Puderzucker**
1 EL	**Mehl**
1 Msp.	**Backpulver**
1 TL	**Kakaopulver**
1 EL	**Instant-Kaffeepulver**
1 EL	**heißes Wasser**

1 Banane schälen, mit einer Gabel zerdrücken und mit Ei, 1 TL Puderzucker, Mehl, Backpulver und Kakaopulver verrühren. Masse in eine Tasse füllen und in der Mikrowelle bei 700 Watt ca. 3 Minuten garen.

2 Für die Creme restlichen Puderzucker mit Kaffeepulver und Wasser schaumig schlagen. Schokomops mit Dalgona-Kaffee-Creme toppen und servieren.

Schon gewusst?

Schokomops ist ein Tassenkuchen, der mit wenigen Zutaten fix in der Mikrowelle zubereitet wird.
Dalgona Kaffee ist ein Trend-Getränk aus Südkorea. Der cremige Schaum aus 3 Zutaten schmeckt auch in warmen und kalten Getränken.

Küchentipp

Verwende zum Aufschlagen der Creme ein Handrührgerät.

Blinis mit geräuchertem Lachs

Für 4 Personen **Zubereitungszeit 10 Min.** **Garzeit 5 Min.** **Kühlzeit 10 Min.**

8 4 4

279 kcal | 1168 kJ

80 g **Mehl**
1 TL **Backpulver**
Salz, Pfeffer
2 **Eier (Größe M)**
150 g **Magermilchjoghurt**
2 TL **Sonnenblumenöl**
1 EL **Frischkäse, bis 5 % Fett absolut**
4 EL **Crème légère**
2 TL **Schnittlauchringe**
4 Scheiben **Räucherlachs**
2 TL **gehackter Dill**

1 Mehl mit Backpulver und 1 Prise Salz vermischen und mit Eiern und Joghurt verrühren. Öl portionsweise in einer Pfanne auf hoher Stufe erhitzen und aus dem Teig darin nacheinander 12 kleine Blinis backen, dabei 1–2 Minuten von jeder Seite braten. Blinis ca. 10 Minuten abkühlen lassen.

2 Frischkäse mit Crème légère und Schnittlauch verrühren, mit Salz und Pfeffer würzen und auf den Blinis verstreichen. Lachs in Stücke schneiden, Blinis damit belegen und mit Dill bestreut servieren.

Himbeer-Skyr-Tiramisu

Für 4 Personen Zubereitungszeit 15 Min.

4 3 3

143 kcal | 597 kJ

- 250 g **Himbeeren**
- 400 g **Skyr, Natur**
- 2 Päckchen **Vanillezucker**
- 8 **Löffelbiskuits**
- 1 TL **Kakaopulver**

1 Himbeeren waschen, trocken tupfen und 200 g Himbeeren pürieren. Skyr mit Vanillezucker verrühren. Löffelbiskuits in Stücke brechen.

2 Löffelbiskuits, Himbeerpüree und Skyr abwechselnd in 4 Gläser (Inhalt ca. 300 ml) schichten, Himbeeren daraufgeben und mit Kakaopulver bestäuben. Himbeer-Skyr-Tiramisu servieren.

Würzige Geflügelbällchen-Salat-Cups

Für 20 Stück **Zubereitungszeit 10 Min.** **Garzeit 10 Min.**

0 0 0

31 kcal | 129 kJ

- 500 g **Geflügelhackfleisch (aus Geflügelbrustfilet)**
- 1 EL **Ras el-Hanout**
- **Salz, Pfeffer**
- 20 **Römersalatblätter**
- 1 **Mini-Gurke**
- 4 **Radieschen**
- 1 **Knoblauchzehe**
- 200 g **Magermilchjoghurt**

1 Backofen mit Grillfunktion auf 240° C (Gas: Stufe 5, Umluft: 220° C) vorheizen. Hackfleisch mit Ras el-Hanout, Salz und Pfeffer verkneten und aus der Masse 20 kleine Bällchen formen. Hackbällchen auf einem mit Backpapier ausgelegten Backblech verteilen und im Backofen auf oberer Schiene 8–10 Minuten garen, dabei gelegentlich wenden.

2 Salatblätter waschen und trocken schütteln. Gurke und Radieschen waschen und in feine Stifte schneiden. Knoblauch pressen und mit Joghurt verrühren. Gurke, Radieschen und Hackbällchen auf die Salatblätter verteilen und mit Joghurt toppen. Geflügelbällchen-Salat-Cups servieren.

Karottenbrownies

Für 16 Stücke Zubereitungszeit 15 Min. Garzeit 25 Min.

3 3 3

82 kcal | 341 kJ

- 125 g **Datteln**
- 80 ml **heißes Wasser**
- 100 g **Karotten**
- 2 **Eier (Größe M)**
- 110 g **brauner Zucker**
- 110 g **Mehl**
- 1 TL **Backpulver**
- 25 g **Kakaopulver**
- 1 EL **Puderzucker**

1 Backofen auf 160° C (Gas: Stufe 1, Umluft: 140° C) vorheizen. Datteln waschen, entkernen, hacken und ca. 10 Minuten in Wasser einweichen. Karotten schälen, fein raspeln und überschüssige Flüssigkeit ausdrücken. Eier trennen und Eiklar mit 30 g Zucker steif schlagen. Datteln samt Wasser pürieren und mit Eigelb verrühren.

2 Restlichen Zucker mit Mehl, Backpulver und Kakaopulver mischen und Karotten und Dattelmischung unterrühren. Eischnee vorsichtig unterheben. Eine Auflaufform (ca. 20 x 20 cm) mit Backpapier auslegen, Teig hineingeben und glattstreichen. Brownies im Backofen auf mittlerer Schiene ca. 25 Minuten backen, mit Puderzucker bestäuben und servieren.

Mini-Quiches mit Schafskäse

Für 16 Stück Zubereitungszeit 35 Min. Garzeit 35 Min. Kühlzeit 30 Min.

3 3 3

111 kcal | 464 kJ

200 g	**Mehl**
90 g	**Halbfettmargarine**
50 ml	**kaltes Mineralwasser**
	Salz, Pfeffer
1 Stange	**Lauch (klein)**
je 1/2	**rote und gelbe Paprika**
3	**Eier (Größe M)**
120 g	**Frischkäse, bis 5 % Fett absolut**
150 ml	**entrahmte Milch**
1 EL	**gehackte italienische Kräuter**
120 g	**Schafskäse, 25 % Fett i. Tr.**

1 Für den Teig Mehl, 80 g Margarine, Mineralwasser und 1 TL Salz verkneten. Teig in Frischhaltefolie wickeln und ca. 15 Minuten kalt stellen. Backofen auf 180° C (Gas: Stufe 2, Umluft: 160° C) vorheizen. Lauch waschen und in feine Ringe schneiden. Paprika waschen, entkernen und fein würfeln. Eier mit Frischkäse, Milch, Kräutern, Salz und Pfeffer verrühren.

2 16 Mulden eines Muffinblechs oder Silikon-Muffinförmchen mit restlicher Margarine fetten. Teig zwischen Backpapier dünn ausrollen, 16 Kreise ausstechen und Muffinformen damit auskleiden, dabei einen ca. 2 cm hohen Rand formen. Teig mehrmals mit einer Gabel einstechen und im Backofen auf mittlerer Schiene ca. 15 Minuten vorbacken.

3 Gemüse auf die Muffinformen verteilen, Eierguss darüber geben und Schafskäse darüber bröseln. Mini-Quiches weitere ca. 20 Minuten backen, ca. 15 Minuten abkühlen lassen und servieren.

Apfel-Zimt-Joghurt im Glas

Für 2 Personen **Zubereitungszeit 15 Min.**

8 5 4

273 kcal | 1141 kJ

1 **süßlicher Apfel (z. B. Gala)**
2 **Spekulatius**
2 EL **gehackte Mandeln**
2 EL **zarte Haferflocken**
400 g **Magermilchjoghurt**
1 TL **Zimt**

1 Apfel waschen, vierteln und entkernen. Die Hälfte des Apfels grob raspeln und restlichen Apfel würfeln. Spekulatius zerbröseln und mit Mandeln und Haferflocken vermischen.

2 Joghurt mit 1/2 TL Zimt und Apfelraspeln verrühren und mit Spekulatiusbröseln abwechselnd in 2 Gläser (Inhalt ca. 300 ml) schichten. Apfelwürfel darauf geben und mit restlichem Zimt bestäuben. Apfel-Zimt-Joghurt servieren.

Danielas Tipp:

Wer es winterlich-weihnachtlich mag, für den ist der Joghurt genau das Richtige. Ich habe das Glas für 30 Sekunden in die Mikrowelle gestellt – dann schmeckt der Joghurt noch besser!

Blätterteig-Spinat-Taschen

Für 8 Stück Zubereitungszeit 20 Min. Garzeit 25 Min. Kühlzeit 10 Min.

4 4 4

129 kcal | 539 kJ

1	**Zwiebel**
1	**Knoblauchzehe**
300 g	**Blattspinat**
1 TL	**Olivenöl**
	Salz, Pfeffer
1 Msp.	**geriebene Muskatnuss**
1 Packung	**fettreduzierter Blätterteig (Kühltheke)**
2 EL	**Frischkäse, bis 5 % Fett absolut**
2 EL	**Wasser**

1 Backofen auf 200° C (Gas: Stufe 3, Umluft: 180° C) vorheizen. Zwiebel schälen und würfeln. Knoblauch fein hacken. Spinat waschen und trocken schleudern. Öl in einer Pfanne auf mittlerer Stufe erhitzen und Zwiebeln mit Knoblauch darin ca. 2 Minuten anbraten. Spinat zufügen, zusammenfallen lassen, ca. 2 Minuten mitbraten und mit Salz, Pfeffer und Muskatnuss würzen.

2 Blätterteig entrollen, mit Frischkäse bestreichen und in 8 Rechtecke teilen. Spinatmischung abtropfen lassen, auf den Rechtecken verteilen, Taschen jeweils zu einem Rechteck zusammenklappen und Ränder mit einer Gabel festdrücken.

3 Blätterteigtaschen auf ein mit Backpapier ausgelegtes Backblech legen, mit Wasser bepinseln und im Backofen auf mittlerer Schiene ca. 25 Minuten backen. Blätterteig-Spinat-Taschen ca. 10 Minuten abkühlen lassen und servieren.

Chia-Kokos-Joghurt mit Erdbeeren

Für 4 Personen Zubereitungszeit 10 Min. Garzeit 5 Min. Kühlzeit 60 Min.

5 5 5

135 kcal | 567 kJ

3 TL **Chiasamen**
250 g **veganer Kokosjoghurt**
50 ml **ungesüßter Haferdrink**
2 TL **Ahornsirup**
250 g **Erdbeeren**
2 TL **Kokosraspel**
2 TL **gehackte Cashewnüsse**

1 Chiasamen mit Joghurt, Haferdrink und Ahornsirup verrühren, in 4 Gläser (Inhalt ca. 200 ml) füllen und ca. 60 Minuten im Kühlschrank ziehen lassen.

2 Erdbeeren waschen und vierteln. Kokosraspel und Cashewnüsse fettfrei in einer Pfanne auf mittlerer Stufe 2–3 Minuten rösten. Erdbeeren auf den Chiajoghurt geben, mit Kokosraspeln und Cashewnüssen bestreuen und servieren.

Schinken-Oliven-Muffins

Für 6 Stück Zubereitungszeit 15 Min. Garzeit 15 Min.

4 3 3

142 kcal | 593 kJ

1	**Zucchini**
2 Scheiben	**gekochter Schinken**
10	**entsteinte grüne Oliven in Lake**
80 g	**Mehl**
1 TL	**Backpulver**
	Salz, Pfeffer
2	**Eier (Größe M)**
80 ml	**entrahmte Milch**
1 TL	**Sonnenblumenöl**
40 g	**geriebener Gruyère**
1 Prise	**geriebene Muskatnuss**

1 Backofen auf 180° C (Gas: Stufe 2, Umluft: 160° C) vorheizen. Zucchini waschen, raspeln, in ein Küchentuch geben und überschüssige Flüssigkeit ausdrücken. Schinken in feine Streifen schneiden. Oliven in Ringe schneiden.

2 Mehl, Backpulver und 1 Prise Salz vermischen und mit Eiern und Milch verrühren. Zucchini, Schinken, Oliven, Öl, Gruyère, Muskatnuss und Pfeffer dazugeben und verrühren. Masse auf 6 Silikon-Muffinförmchen verteilen und im Backofen auf mittlerer Schiene 15–18 Minuten backen. Schinken-Oliven-Muffins servieren.

*Die Teilnehmerin hat mit dem Vorgängerprogramm abgenommen und hält ihr Gewicht mit *meinWW+*.

NEU!
mein WW+
„Mein täglicher Reminder, auf mich selbst zu achten!“
Tina, -29 kg*
@tinacarrot
Mehr als Abnehmen!
Lass dich mit dem neuen meinWW+ und der WW App ganzheitlich in den Bereichen Ernährung, Bewegung, Mindset und Schlaf dabei unterstützen, noch erfolgreicher abzunehmen.
Melde dich gleich auf WW.com an und erhalte noch heute einen Plan, der auf dich und deine Bedürfnisse zugeschnitten ist.
WW Logo und meinWW+ sind Marken von WW International, Inc. © 2020 WW International, Inc. Alle Rechte vorbehalten.
WW

Register nach Plan

Register nach Plan

Register nach Zutaten und Stichworten

Brot & Wraps

Couscous, Bulgur & Reis

Eier

Fisch & Meeresfrüchte

Hähnchen & Pute

Hülsenfrüchte

Joghurt, Skyr & Quark

Register nach Zutaten und Stichworten

Kartoffeln

Käse

Kürbis

Nüsse, Samen & Kerne

Obst

Pikant & scharf

Pilze

Schwein, Rind & Tatar

Vegan

Vegetarisch

Wurzelgemüse

Impressum

Herausgeber & Redaktion
WW (Deutschland) GmbH
Claudia Braun, Iris Hermann, Ewa Tacke

Rezepte & Realisierung
Geschmackswerk UG
Nathalie Döscher, Silke Höpker

Fotografie & Styling
Carsten Eichner, Christine Mähler, WW International

Foodstyling
Maren Jahnke, WW International

Bildnachweise
WW International

Gestaltungskonzept & Grafik
Niehaus Knüwer and friends GmbH Werbeagentur
Geschmackswerk UG, Petra Penker

Druck
paffrath print & medien GmbH

WW (Deutschland) GmbH
ww.com
ww-gesundekueche.de
Info-Hotline 0211-3805 3813
ISBN: 978-3-9821292-4-2

1. Auflage 2020